# Determinación del potencial solar

Francisco José Entrena González

**ic** editorial

**Determinación del potencial solar**
© Francisco José Entrena González


1ª Edición

© IC Editorial, 2024

Editado por: IC Editorial
c/ Cueva de Viera, 2, Local 3
Centro Negocios CADI
29200 Antequera (Málaga)
Teléfono: 952 70 60 04
Fax: 952 84 55 03
Correo electrónico: iceditorial@iceditorial.com
Internet: www.iceditorial.com

ISBN: 978-84-1184-501-4
Depósito Legal: MA-2867-2024


Impresión: PODiPrint
Impreso en Andalucía — España

Nota de la editorial: IC Editorial pertenece a Innovación y Cualificación S. L.

## Presentación del manual

El **Certificado de Profesionalidad** es el instrumento de acreditación, en el ámbito de la Administración laboral, de las cualificaciones profesionales del Catálogo Nacional de Cualificaciones Profesionales adquiridas a través de procesos formativos o del proceso de reconocimiento de la experiencia laboral y de vías no formales de formación.

El elemento mínimo acreditable es la **Unidad de Competencia.** La suma de las acreditaciones de las unidades de competencia conforma la acreditación de la competencia general.

Una **Unidad de Competencia** se define como una agrupación de tareas productivas específica que realiza el profesional. Las diferentes unidades de competencia de un certificado de profesionalidad conforman la **Competencia General,** definiendo el conjunto de conocimientos y capacidades que permiten el ejercicio de una actividad profesional determinada.

Cada **Unidad de Competencia** lleva asociado un **Módulo Formativo,** donde se describe la formación necesaria para adquirir esa **Unidad de Competencia,** pudiendo dividirse en **Unidades Formativas.**

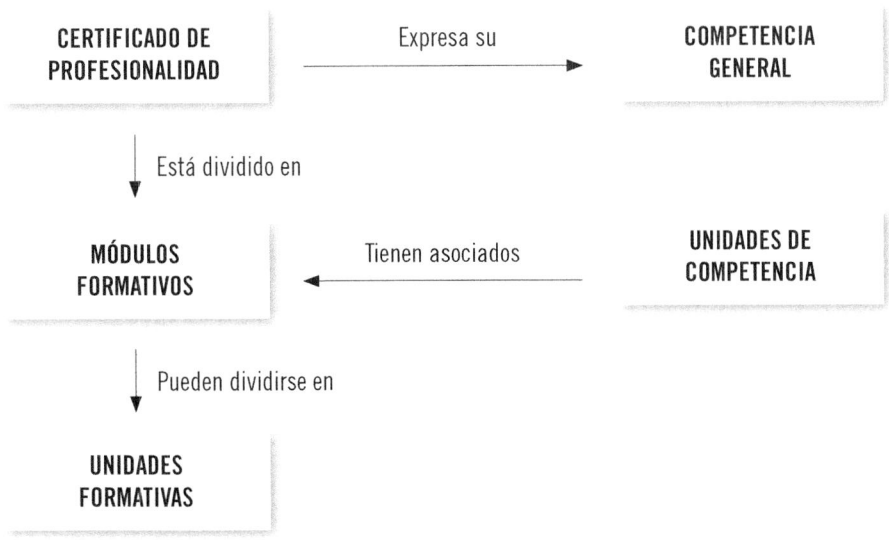

El presente manual desarrolla la Unidad Formativa **UF0212: Determinación del potencial solar,**

perteneciente al Módulo Formativo **MF0842_3: Estudios de viabilidad de instalaciones solares,**

asociado a la unidad de competencia **UC0842_3: Determinar la viabilidad de proyectos de instalaciones solares,**

del Certificado de Profesionalidad **Eficiencia energética de edificios.**

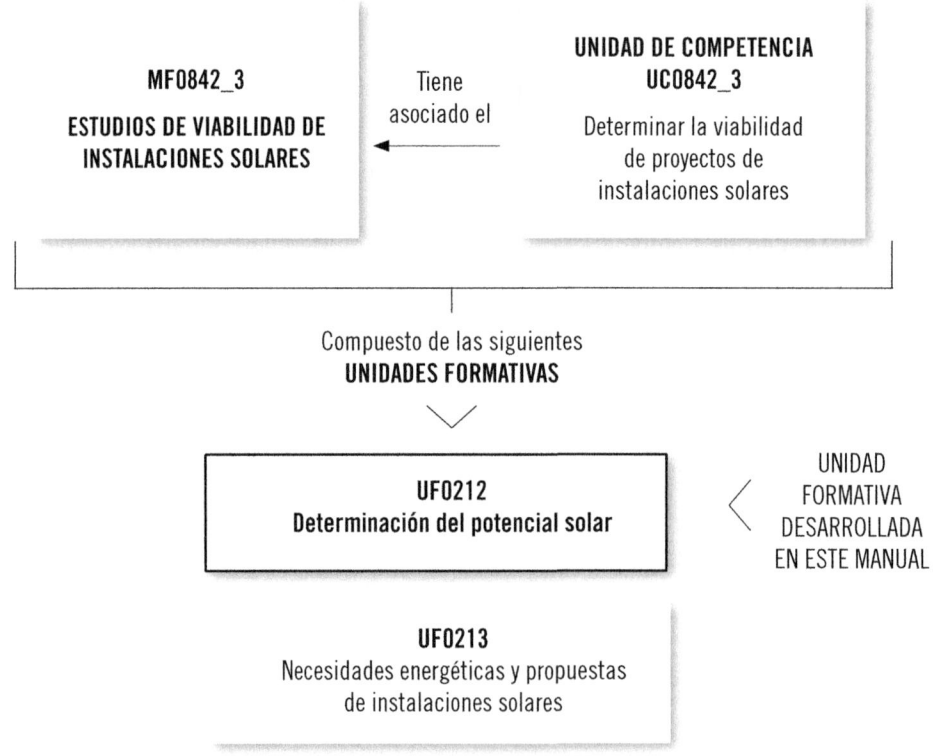

# FICHA DE CERTIFICADO DE PROFESIONALIDAD

## (ENAC0108) EFICIENCIA ENERGÉTICA DE EDIFICIOS (R. D. 643/2011, 9 de mayo)

**COMPETENCIA GENERAL:** Gestionar el uso eficiente de la energía, evaluando la eficiencia de las instalaciones de energía y agua en edificios, colaborando en el proceso de certificación energética de edificios, determinando la viabilidad de implantación de instalaciones solares, promocionando el uso eficiente de la energía y realizando propuestas de mejora, con la calidad exigida, cumpliendo la reglamentación vigente y en condiciones de seguridad.

| Cualificación profesional de referencia | Unidades de competencia | | Ocupaciones o puestos de trabajo relacionados: |
|---|---|---|---|
| ENA358_3 EFICIENCIA ENERGÉTICA DE EDIFICIOS (R. D. 1698/2007, de 14 de diciembre de 2007) | UC1194_3 | Evaluar la eficiencia energética de las instalaciones de edificios. | • Gestor energético<br>• Promotor de programas de eficiencia energética<br>• Ayudante de procesos de certificación energética de edificios<br>• Técnico de eficiencia energética de edificios |
| | UC1195_3 | Colaborar en el proceso de certificación energética de edificios. | |
| | UC1196_3 | Gestionar el uso eficiente del agua en edificación. | |
| | UC1197_3 | Promover el uso eficiente de la energía. | |
| | UC0842_3 | Determinar la viabilidad de proyectos de instalaciones solares. | |

## Correspondencia con el Catálogo Modular de Formación Profesional

| Módulos certificado | Unidades formativas | Horas |
|---|---|---|
| MF1194_3: Evaluación de la eficiencia energética de las instalaciones en edificios | UF0565: Eficiencia energética en las instalaciones de calefacción y ACS en los edificios | 90 |
| | UF0566: Eficiencia energética en las instalaciones de climatización en los edificios | 90 |
| | UF0567: Eficiencia energética en las instalaciones de iluminación interior y alumbrado exterior | 60 |
| | UF0568: Mantenimiento y mejora de las instalaciones en los edificios | 60 |
| MF1195_3: Certificación energética de edificios | UF0569: Edificación y eficiencia energética en los edificios | 90 |
| | UF0570: Calificación energética de los edificios | 60 |
| | UF0571: Programas informáticos en eficiencia energética en edificios | 90 |
| MF1196_3: Eficiencia en el uso del agua en edificios | UF0572: Instalaciones eficientes de suministro de agua y saneamiento en edificios | 60 |
| | UF0573: Mantenimiento eficiente de las instalaciones de suministro de agua y saneamiento en edificios | 40 |
| MF1197_3: Promoción del uso eficiente de la energía en edificios | | 40 |
| **MF0842_3: Estudios de viabilidad de instalaciones solares** | UF0212: Determinación del potencial solar | 40 |
| | UF0213: Necesidades energéticas y propuestas de instalaciones solares | 80 |
| MP0122 Módulo de prácticas profesionales no laborales | | 120 |

# Índice

# Capítulo 1
# Fundamentos de la energía solar

# Contenido

## 1. Introducción

Las reacciones nucleares de fusión que se producen en el Sol liberan al espacio una gran cantidad de energía. Parte de esta llega a la Tierra a través del espacio interactuando con la atmósfera y la superficie terrestre.

Los cuantos son pequeños paquetes de fotones producidos por el Sol y muchos organismos en la Tierra aprovechan directamente esta energía para llevar a cabo reacciones tales como la fotosíntesis.

El hombre siempre ha considerado el Sol como una fuente inagotable de energía, sin embargo, hasta hace poco no se ha percatado de todo el potencial que este ofrece. La aparición de energías renovables que aprovechan el Sol como fuente de energía ha constituido una nueva industria centrada en todos los procesos que tienen como origen el Sol. Es por ello que determinar el potencial solar de una zona o área adquiere gran relevancia en la actualidad.

## 2. El Sol como fuente de energía

Emplear el Sol como fuente de energía ha dejado de ser un reto del hombre para convertirse en una realidad. Hoy en día existen viviendas totalmente autónomas que emplean medios como la energía fotovoltaica para generar electricidad o la energía térmica solar para calentar agua.

El Sol, como fuente de energía, presenta la ventaja de ser inagotable a escala humana y su coste es cero. No obstante, no todas las regiones de la Tierra pueden aprovecharse de este recurso natural, ya que existen zonas donde su incidencia en determinadas épocas del año puede llegar a ser inexistente durante días.

El Sol es una esfera gaseosa formada principalmente por hidrógeno, sobre un 90 %, y helio. En su interior se producen reacciones de fusión donde dos partículas de hidrógeno se fusionan (unen) para formar una nueva partícula de helio. El proceso genera grandes cantidades de energía que son liberadas hacia el espacio.

**?** Sabía que...

La temperatura del Sol oscila entre los 15 millones de grados centígrados de su interior y los 6.000 ºC de su capa más externa.

Las partes que componen el Sol son:

- **Núcleo:** es la capa más interna y donde, debido a las enormes presiones y temperaturas existentes, se dan las condiciones necesarias para llevar a cabo el proceso de fusión.
- **Fotosfera:** capa formada por gases a altas presiones donde se almacena gran parte de energía en forma de luz y calor.
- **Cromosfera:** es una fina capa que mantiene los campos magnéticos solares.
- **Corona:** es la capa más externa del Sol y se compone principalmente de gases a altísimas temperaturas formando una cobertura plasmática.

**Constitución del Sol**

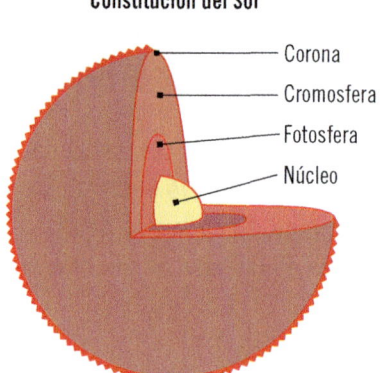

Corona
Cromosfera
Fotosfera
Núcleo

## 2.1. Conceptos básicos

El Sol es una de tantas estrellas que conforman el universo, su vida se estima en 5.000 millones de años y tiene un radio aproximado de 700.000 km con una masa de unas 300 mil veces mayor que la de la Tierra.

De todas las capas que componen el Sol, es en su parte más externa donde se producen las reacciones de fusión responsables de la producción lumínica y energética que emite. Además de este hecho, el Sol es catalogado como cuerpo negro, ya que por su intensa gravedad es capaz de absorber energía a la vez que la emite.

La energía emitida por el Sol en forma de onda electromagnética viaja a través del espacio en pequeñas unidades energéticas llamadas **fotones,** los cuales viajan a una velocidad de 300.000 km por segundo.

Energéticamente hablando, el Sol se comporta como un enorme reactor de fusión nuclear capaz de liberar $4 \times 10^{26}$ julios a una temperatura constante de 5.800 grados Kelvin.

 Sabía que...

El color azul del cielo se debe al choque de la radiación solar con las moléculas de oxígeno y nitrógeno de la atmósfera terrestre.

 Actividades

1. Conociendo la velocidad a la que viaja la luz, y considerando una distancia media aproximada entre el Sol y la Tierra de 149.600.000 km, ¿cuánto tiempo tardará un rayo de luz solar en alcanzar la Tierra?

## 2.2. Radiación solar

La radiación es la trasferencia de energía por medio de ondas electromagnéticas. Las ondas pueden desplazarse a través del universo sin la necesidad de un medio material de propagación, de esta manera la Tierra es alcanzada por la radiación que emite el Sol.

*Representación de la radiación solar*

Se puede determinar la energía de las ondas electromagnéticas gracias a la frecuencia y la longitud de onda que presentan. Además de la energía, las ondas electromagnéticas pueden presentar ciertas características como la capacidad de penetración o una mayor visibilidad.

 Nota

Las ondas electromagnéticas se desplazan en el vacío espacial a una velocidad media de 300.000 km/s.

No todas las radiaciones electromagnéticas presentan la misma longitud de onda; al conjunto de todas las longitudes de onda electromagnética se le denomina **espectro electromagnético.**

La radiación solar se puede medir mediante instrumentos:

- **Piranómetro:** mide la radiación solar total.
- **Heliógrafo:** mide la cantidad de horas que brilla el Sol durante el día.
- **Pirheliómetro:** mide la radiación solar directa.

*Los piranómetros son aparatos formados por una célula fotosensible que permiten medir el espectro electromagnético de una radiación.*

## 2.3. La constante solar

La constante solar es el valor de la radiación solar que incide sobre una superficie o área de 1 m² medido en la capa más externa de la atmósfera. Si se considera la distancia media entre el Sol y la Tierra, esta constante adquiere un valor aproximado de 1.366 vatios por metro cuadrado (W/m²). No obstante, este valor varía cada 30 años en un 0,2 %.

Debido a la atmósfera, no toda la radiación llega a la superficie terrestre, sino que parte es absorbida o dispersada. Por este hecho, la energía solar aprovechable en la superficie terrestre es menor que la constante solar.

 Nota

Casi el 30 % de la energía solar que llega a la Tierra se consume en el ciclo del agua generando lluvias y corrientes fluviales. Estas corrientes pueden ser aprovechadas para generar energía hidroeléctrica a través de turbinas.

El valor de la constante solar es uno de los parámetros necesarios para determinar el potencial solar de una zona o área.

La constante solar se obtiene de la división entre la cantidad de energía emitida por el Sol y la superficie incidente sobre un cuerpo en la capa más externa de la superficie terrestre.

## 2.4. Balance de radiación solar

Cuando la radiación solar alcanza la superficie externa de la atmósfera, una parte de la radiación es reflejada. Además de la radiación que consigue penetrar la atmósfera, una parte es devuelta de nuevo al espacio al ser reflejada por la superficie terrestre; por tanto, puede hablarse de un balance de radiación solar.

El balance de radiación solar es la diferencia entre la cantidad de radiación solar entrante y la radiación terrestre saliente. La radiación neta es el resultado que se obtiene de esta operación. Para que la Tierra no se enfríe o se caliente excesivamente, este balance debe ser constante, ya que, si se produjese una entrada de radiación excesivamente mayor que la cantidad de radiación expulsada, se produciría un sobrecalentamiento terrestre aumentando la temperatura global. Del modo contrario, si se produjese un escape de radiación mayor que la recibida, la Tierra se enfriaría excesivamente, convirtiéndose en ambos casos en un lugar inhóspito para la vida.

### Radiación solar entrante

La radiación solar con valores de longitud de onda corta que llega a la Tierra procedente del Sol concentra la mayor parte de la energía. Aunque la atmósfera es transparente, si se asigna a la radiación que llega a la capa más externa de la atmósfera el valor de 100 %, solo un 25 % llega directamente a la superficie de la Tierra mientras que otro 25 % es dispersado por la atmósfera en forma de radiación difusa hacia la superficie.

Las partículas que componen la atmósfera producen desvíos de los rayos solares generando el fenómeno conocido como **dispersión atmosférica** y que evita que gran parte de la energía incida directamente sobre la Tierra.

Una gran parte de la energía que incide sobre el borde exterior de la atmósfera es reflejada, produciendo una reducción de aproximadamente un 30 % de la energía entrante en la atmósfera. Esta cantidad de energía reflejada puede variar en función del instante en el que se toma, ya que fenómenos como la formación de nubes aumenta el porcentaje de reflexión de energía.

*Formación nubosa: aumento del fenómeno de albedo*

  Definición

**Albedo**
Cantidad porcentual de radiación que cualquier superficie refleja cuando incide sobre ella la radiación solar.

Los gases de la atmósfera, además de reflejar o dispersar parte de la radiación solar, pueden absorber parte de la radiación. Este fenómeno de absorción puede representar una merma del 15 % de la radiación total entrante. Entre los elementos existentes en la atmósfera, el oxígeno y el ozono actúan como buenos absorbedores de radiación solar.

### Radiación solar saliente

Aunque una gran parte de la radiación solar alcanza el suelo terrestre, parte de esta es reflejada hacia la atmósfera nuevamente. Esta energía reflejada puede ser emitida hacia el espacio, o bien devuelta nuevamente a la Tierra por la atmósfera. Un exceso de radiación solar saliente puede provocar un descenso del nivel térmico global terrestre, mientras que una radiación solar saliente insuficiente puede aumentar progresivamente la temperatura de la Tierra.

### Nota

Los gases que producen el efecto invernadero, como el dióxido de carbono, el óxido nitroso o el metano, son los causantes de impedir que parte de la energía irradiada por el suelo terrestre salga hacia el exterior de la atmósfera, causando un aumento artificial de la temperatura global terrestre.

### Actividades

2. Realizar un esquema del balance de radiación solar que recibe la Tierra donde se recojan los factores que intervienen tanto en las radiaciones entrantes como salientes (acompañar dicho esquema de un dibujo explicativo).

## 2.5. Concepto de masa atmosférica

Se denomina **masa atmosférica** a la cantidad de gases atmosféricos que ha de atravesar un rayo solar para alcanzar la superficie terrestre. De esta manera, cuando los rayos solares inciden perpendicularmente (formando un ángulo de 90°) con respecto a la superficie horizontal terrestre, se dice que el Sol ha alcanzado su zenit y, por tanto, la masa atmosférica que este ha de atravesar en dicho punto es la menor posible. Fuera del zenit los rayos solares han de recorrer una mayor distancia a través de la atmósfera, generándose mayores pérdidas del potencial electromagnético.

**Capas de la atmósfera**

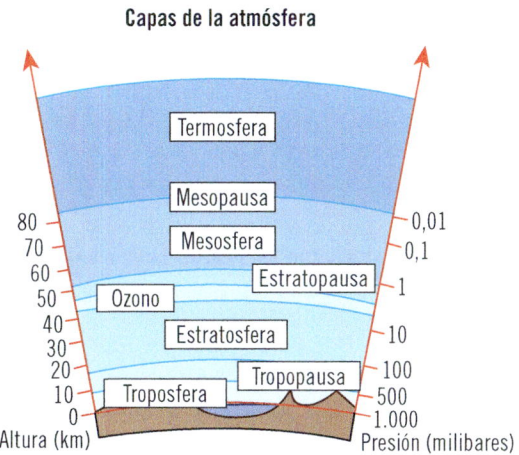

La atmósfera está formada por varias capas de aire y gases (termosfera, mesosfera, estratosfera, etc.) que en su conjunto forman la masa atmosférica.

En la posición zenital del Sol, a la masa atmosférica se le asigna el valor 1 en la vertical del lugar, teniendo como presión media en el nivel del mar 1 atm (760 mmHg). Se puede calcular la masa atmosférica para cualquier otra posición mediante la expresión:

$$\text{Masa atmosférica} = P \,/\, 760 \cdot \cos\alpha$$

Donde $\alpha$ es el ángulo formado entre la posición zenital (perpendicular a la superficie terrestre) y la posición del Sol en el momento de estudio.

El $\cos_\alpha$ varía entre 0 y 1 cuando el ángulo está comprendido entre los 90° y los 0°, respectivamente.

**Masa atmosférica**

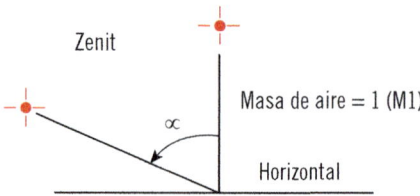

## Recuerde

La masa atmosférica que atraviesan los rayos solares en el zenit es la menor posible, siendo para cualquier otra posición inversamente proporcional $\cos_\alpha$, que al ser un valor <1 siempre será mayor que 1.

## Ejemplo

¿Cuál será el valor de la masa atmosférica para una inclinación del Sol respecto a la superficie de 25º?

Si se dibuja el enunciado se obtiene lo siguiente:

**Masa atmosférica**

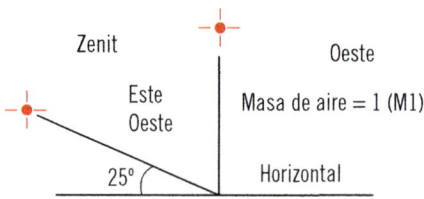

Continúa en página siguiente >>

<< Viene de página anterior

Para calcular α:

$$\alpha = 90° - 25° = 65°$$

Aplicando la ecuación de masa atmosférica al nivel del mar, las presiones se simplifican y quedaría:

$$\text{Masa atmosférica} = 1 \, / \cos 65°$$

$$\text{Masa atmosférica} = 1 \, / \, 0{,}4266 = 2{,}366$$

Lo que indica que, para una altura del Sol de 25° con respecto a la horizontal, la distancia que deberá recorrer un rayo solar será más del doble del que recorrería en su zenit y, por tanto, las pérdidas son mayores.

## Aplicación práctica

**Para la ejecución de una instalación solar fotovoltaica se precisa realizar los cálculos de la cantidad de radiación solar que recibirán los módulos o los captadores a lo largo de un día para diferentes estaciones del año. El *software* que se emplea necesita que se introduzcan a mano los valores de masa atmosférica. Para finalizar con la simulación se debe calcular la masa atmosférica para una posición solar de 135° con respecto a la horizontal terrestre. Realice un dibujo que recoja los ángulos y la posición del sol respecto al zenit.**

### SOLUCIÓN

Dibujando los ángulos se obtiene lo siguiente:

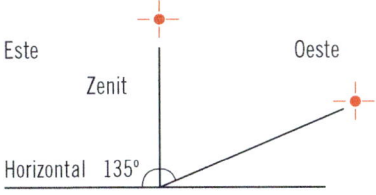

Continúa en página siguiente >>

<< Viene de página anterior

El valor de 135° indica que el Sol se encuentra en el Oeste.

Para calcular α:

$$\alpha = 135° - 90° = 45°$$

Aplicando la ecuación de masa atmosférica al nivel del mar, las presiones se simplifican y quedaría:

$$\text{Masa atmosférica} = 1 / 0,707 = 1,414$$

$$\text{Masa atmosférica} = 1/ \cos 45°$$

Lo que indica que, para una altura del Sol de 135° con respecto a la horizontal, el Sol se encuentra en un punto no demasiado alejado de su zenit.

## 2.6. Distribución espectral de la masa atmosférica

Una mayor distancia en el recorrido de la radiación solar a lo largo de la atmósfera produce unas mayores pérdidas por absorción, reflexión y dispersión de la luz solar.

La luz se refleja cuando incide sobre superficie reflectante como puede ser el caso del agua, el vidrio o las moléculas de oxígeno y nitrógeno de la atmósfera. Cada rayo que incide sobre una partícula es reflejado en una dirección determinada con un ángulo de incidencia. La energía luminosa también es absorbida por parte de estas partículas con las que entra en contacto, es entonces cuando la radiación se convierte en calor o en luz de diferente color para ser emitida de nuevo; además, algunos procesos químicos que se producen en la atmósfera se deben a la energía aportada por la radiación electromagnética.

Cuando la radiación solar se separa en las diferentes longitudes de onda que la constituyen, se produce el fenómeno de la dispersión. Este recorrido genera cambios en el rango de frecuencias que conforma el espectro luminoso solar variando las intensidades.

Los colores rojizos anaranjados del Sol del amanecer y la puesta solar se deben a que la luz solar atraviesa una mayor masa atmosférica que varía su espectro.

Como se ha estudiado anteriormente, la atmósfera está formada por una masa de aire o una mezcla de gases en la que se encuentran partículas sólidas y líquidas en suspensión. En la atmósfera se producen fenómenos climatológicos, además de que actúa como filtro o capa protectora para la vida terrestre.

Más del 90 % de la radiación solar está comprendida entre las longitudes de onda de 0,15 μm (micras) y 4 μm. La atmósfera terrestre actúa como un filtro que reduce el espectro de radiación, limitando a una longitud de onda inferior por encima de 0,29 μm debido a la fuerte acción de absorción llevada a cabo por las partículas de ozono y oxígeno. Los rayos X y otras radiaciones de onda muy corta del espectro solar son absorbidos por el nitrógeno contenido en su mayoría en la ionosfera. La longitud de onda superior que alcanza la Tierra no es mayor de 24 μm. El dióxido de carbono, las gotas de agua en la atmósfera y el vapor de agua que conforman las nubes son los responsables de absorber la mayor parte de la radiación infrarroja y las radiaciones de onda muy larga.

El espectro atmosférico se compone de varias capas que se distinguen según la altura respecto a la superficie terrestre y la composición de la misma.

Espectro atmosférico, donde la ionosfera abarca una capa entre los 80 km y los 650 km de altura, a partir de la cual comienza la exosfera que llega hasta los 9.600 km

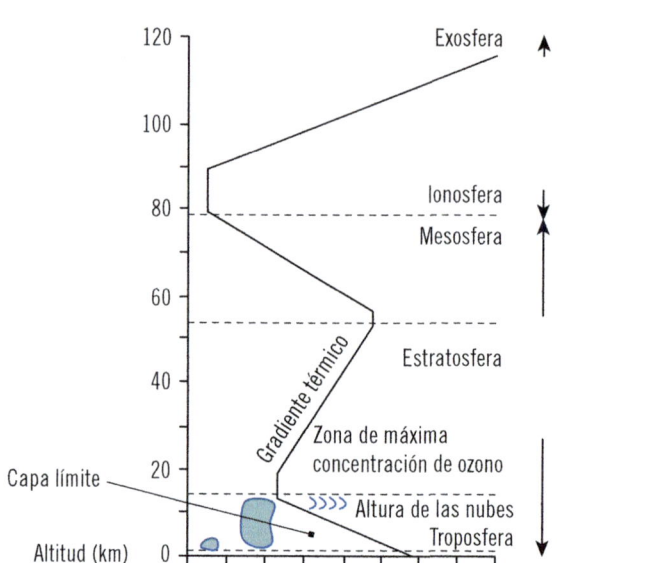

- **Troposfera:** alcanza los 18 km de altura en el Ecuador y en ella se producen los movimientos de las masas de aire (viento). A medida que se asciende en altura, disminuye la temperatura hasta llegar a –70 °C.
- **Estratosfera:** se extiende hasta una altura de 50 km y se invierte la tendencia, aumentando la temperatura conforme se asciende hasta llegar a valores cercanos a los 0 °C. En esta capa se producen fuertes vientos de hasta 200 km/h.
- **Mesosfera:** alcanza una altura comprendida entre los 50 y los 80 km de altura. En esta capa ocurre el fenómeno de la ionización, que da lugar a importantes reacciones químicas de los elementos.
- **Ionosfera:** abarca una distancia que va desde los 80 km de altura aproximadamente hasta los 650 km. En esta capa, parte de la energía radiada es absorbida por el aire ionizado, mientras que otra es refractada o desviada hacia la superficie de la Tierra.
- **Exosfera:** constituye el límite exterior de la atmósfera y su altura asciende hasta los 9.600 km.

En la siguiente imagen puede observarse un gráfico representativo de la composición de los gases de la atmósfera:

**Composición de los gases de la atmósfera**

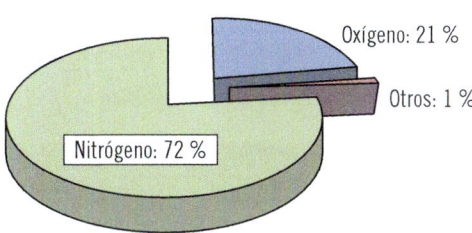

Oxígeno: 21 %

Otros: 1 %

Nitrógeno: 72 %

Asimismo, en la siguiente tabla se pueden ver los cambios ocasionados en la distribución espectral de la radiación solar provocados por la atmósfera:

| | |
|---|---|
| Exosfera | Formada principalmente por helio, absorbe casi toda la radiación ultravioleta y parte de la radiación infrarroja. |
| Mesosfera | Presenta grandes concentraciones de sodio y en ella se reflejan las ondas largas reflejadas en la Tierra. |
| Ionosfera | Capa ionizada por las radiaciones solares que presenta una gran conductividad eléctrica debido a la cantidad de energía absorbida. |
| Troposfera | Capa muy densa formada por las tres cuartas partes de la masa de aire atmosférica que permite el paso de la luz visible y de parte de la radiación ultravioleta. |

## Actividades

3. De las capas que conforman la atmósfera, investigar en cuál de ellas se llevan a cabo los fenómenos de transmisión de frecuencias de onda. ¿A qué se debe?

## 2.7. Composición de los rayos solares

El Sol emite una gran gama de radiaciones, entre ellas la luz blanca visible (400 a 700 nm), los rayos ultravioleta (100 a 400 nm) y los rayos infrarrojos (700 a 1.500 nm), que es lo que se conoce por **espectro solar.**

### Espectro electromagnético

- **Rayos gamma:** radiación de tipo electromagnética que se desprende de las reacciones de fusión del Sol y se caracterizan por su gran poder ionizante.
- **Rayos X:** al igual que los rayos gamma, son una radiación de tipo electromagnético, aunque de menor energía de ionización.
- **Luz ultravioleta:** radiación de onda corta cuyo espectro está comprendido entre los 400 nm y los 40 nm (nanómetros).
- **Luz visible:** es la parte de la radiación solar que el ojo humano es capaz de apreciar y comprende las longitudes de onda que producen los colores.
- **Rayos infrarrojos:** radiación electromagnética de mayor longitud de onda que la luz visible. Cualquier cuerpo que posea una temperatura superior a 0 °K (Kelvin) emite luz infrarroja.
- **Rayos microondas:** ondas electromagnéticas de gran amplitud de onda. Las microondas permiten la vibración de los átomos de un cuerpo aumentando su temperatura por rozamiento interno.
- **Ondas de radio:** presentan longitudes de onda que van desde milímetros a varios kilómetros. Estas ondas son muy usadas en el ámbito de la comunicación.

| Longitud de onda del espectro visible medida en micrómetros | |
| --- | --- |
| Color | $\lambda$ ($\mu$ m) |
| Ultravioleta | <0,35 |
| Violeta | 0,4 |
| Azul | 0,45 |
| Verde | 0,5 |
| Amarillo | 0,55 |
| Naranjo | 0,6 |
| Rojo | 0,7 |
| Infrarrojo | > 0,75 |

 Actividades

4. Realizar una tabla en la que aparezcan todos los tipos de radiaciones estudiados. ¿En qué categoría se incluirían los siguientes ejemplos?

- Radiotransmisor.
- Horno-microondas.
- Aparato bronceador ultravioleta.
- Ondas de telecomunicaciones.

## 2.8. Energía sobre la superficie de la Tierra

Partiendo del 100 % de la radiación que llega a la atmósfera, se estima que solo un 50 % de la radiación alcanza la superficie terrestre, y que de ese 50 % solo un 20 % es absorbido por el terreno, siendo el resto reflejado.

## Recuerde

Analizando factores como la dispersión de la luz, el albedo y la reflexión puede estimarse la cantidad de energía que alcanza la superficie terrestre.

Si se consideran estos datos, y conociendo que la cantidad de energía que alcanza la Tierra en su capa más externa de la atmósfera es de 1.366 W/m$^2$, podría concluirse que la energía realmente aprovechable en la superficie es de 683 W/m$^2$ en el caso de que se construya una superficie totalmente captadora y no refleje nada (el 50 % del total). Sin embargo, la tecnología tanto fotovoltaica como térmica permite aprovechar parte de esa energía que se dispersa en la atmósfera y parte de la reflejada por el albedo.

Para conocer realmente la cantidad de energía que incide sobre una superficie captadora en la Tierra debe abordarse el estudio de la composición de la radiación solar extraterrestre.

*Captador solar térmico*

## 2.9. Composición de la radiación solar extraterrestre

La cantidad de energía recibida del Sol en la capa externa de la atmósfera, dividida por la unidad de superficie, se define como **radiación solar extraterrestre,** considerando la superficie de estudio un plano situado en la capa más externa de la atmósfera. Los valores de la radiación solar extraterrestre dependen en cada momento de la distancia existente entre el Sol y la Tierra, la declinación, la latitud del lugar de estudio y el ángulo horario.

 Definición

**Declinación solar**
Es el ángulo comprendido entre el plano que genera la proyección del Ecuador terrestre con la línea que une los centros del Sol y la Tierra.

El total de radiación extraterrestre procedente del Sol que incide en una superficie situada en la Tierra está compuesto por:

- **Radiación directa:** cantidad de radiación que alcanza la superficie de la Tierra directamente.
- **Radiación difusa:** cantidad de radiación recibida por los efectos de dispersión atmosféricos.
- **Radiación reflejada:** es la radiación incidente que capta una superficie por efecto del reflejo con el suelo o cualquier otra superficie. Recibe también el nombre de **albedo.**

**Radiación directa, difusa y reflejada**

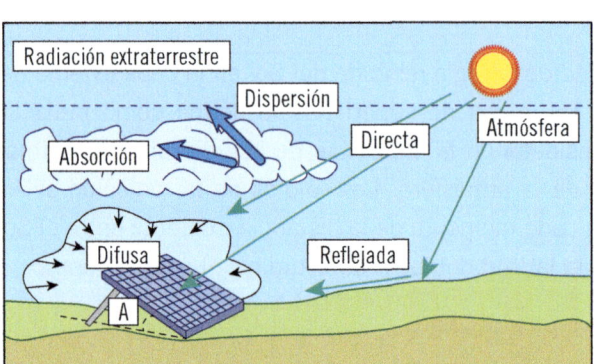

## 2.10. Cálculo de valores medios de radiación solar

La radiación solar se puede estimar mediante varios métodos. Los más empleados son:

- **Emplear los datos de estaciones meteorológicas cercanas:** opción válida para terrenos llanos y distancias menores a 10 km.
- **Interpolación de valores a partir de medidas de la radiación solar obtenidas en varias estaciones:** opción válida cuando se quiere obtener un resultado dentro de un área en la que se encuentran varias estaciones.
- **Interpolación en función de la topografía:** requiere un estudio de la topografía como dato de entrada y precisa una densidad de estaciones de medida en el orden de los 100 km.
- **Mediante satélite:** opción que se basa en el tratamiento de imágenes proporcionadas por satélites geoestacionarios como resultado de la reflexión de los rayos solares sobre la superficie terrestre.

La radiación solar extraterrestre se calcula en función de la distancia Sol-Tierra a lo largo del año. Este valor recibe el nombre de **irradiancia** (G) y para su cálculo debe tenerse en cuenta el ángulo de incidencia a lo largo del año.

$$\text{Gon} = \text{Gsc} \left[ 1 + 0{,}033 \cos \left( 360^{*}n \, / \, 365 \right) \right] \ \ (\text{W/m}^2)$$

Donde:

- **Gon:** es la irradiancia extraterrestre.
- **Gsc:** es la constante solar.
- **n:** es el número del día del año, siendo n = 1 el 1 de enero y n = 365 el 31 de diciembre.

 Definición

**Irradiancia (G)**
Es el flujo de radiación solar que incide sobre la unidad de superficie por unidad de tiempo.

También se puede calcular el valor de la irradiancia sobre un plano horizontal ($G_0$) mediante la ecuación:

$$Go = Gon \cos\theta z$$

Donde θz es el ángulo entre los rayos directos del Sol y la perpendicular de la superficie de estudio.

**Irradiancia solar extraterrestre sobre plano horizontal**

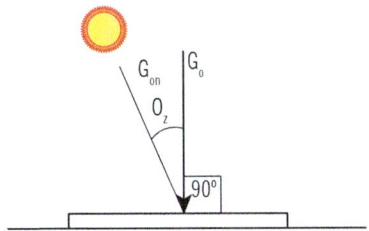

Por otra parte, también puede calcularse la irradiancia solar extraterrestre sobre un plano inclinado (Go$_\beta$) mediante la ecuación:

$$Go\beta = Gon \cos \theta$$

**Irradiancia solar extraterrestre sobre plano inclinado**

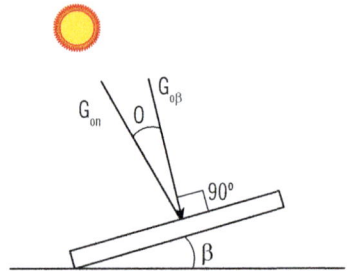

Debe tenerse en cuenta que β es la inclinación de la superficie de captación, por tanto, el cálculo de la radiación se hará igual que anteriormente pero teniendo en cuenta dicho ángulo para los cálculos geométricos. Para diferenciar entre la radiación recibida por un captador plano y otro inclinado se incluye la designación β para las superficies inclinadas.

Otro concepto muy importante es la **irradiación,** que es la cantidad de energía recibida por unidad de superficie durante un periodo de tiempo determinado. Si se considera un periodo de tiempo en horas, se representa con el símbolo **I;** en cambio, si el periodo de tiempo considerado es de un día, se representa con el símbolo **H** y la unidad de medida empleada es J/m$^2$ (Julios por metro cuadrado). Más adelante se estudiará que la irradiación diaria se obtiene de la integración relativa al tiempo que el Sol está en el horizonte.

En el caso de la irradiación horaria extraterrestre, el tiempo se introduce en horas:

$$Io = Go \cdot t$$

En el caso de la irradiación diaria extraterrestre, el tiempo se introduce en días:

$$Ho = Go \cdot t$$

Importante

La irradiación es la cantidad de energía recibida por unidad de superficie durante un periodo de tiempo determinado.

En definitiva, la radiación que alcanza a una superficie se puede expresar como la suma de la radiación directa, la difusa y la reflejada.

Actividades

5. Realizar un resumen que recoja los tipos de radiación solar en la superficie de la Tierra. ¿Cuáles son los aspectos más importantes?
6. ¿Qué diferencia existe entre irradiancia e irradiación?

A continuación se indica el cálculo de los valores medios de la radiación solar en diferentes situaciones.

Partiendo de la constante solar Gsc = 1.366 W/m², se va a calcular la irradiancia extraterrestre (Gon) para el 24 de junio.

Para el cálculo debe aplicarse la ecuación:

$$Gon = Gsc [1 + 0,033 \cos (360*n / 365)]$$

Sustituyendo, queda:

$$Gon = 1.366 [1 + 0,033 \cos (360*175 /365)]$$

Donde n para el 24 de junio es n = 175.

$$Gon = 1.321,29 \ W/m^2$$

Ahora se va a calcular la irradiancia sobre un plano horizontal (G$_0$) situado a una latitud de 37.01 N y una longitud de 4.33 O a las 12 del mediodía, donde la altura solar es de 76° y el azimut 0°.

La ecuación que debe aplicarse es:

$$Go = Gon \cos\theta z$$

El cálculo del ángulo θz se obtiene de restar la altitud solar al zenit:

$$\theta z = 90° - 76° = 14°$$

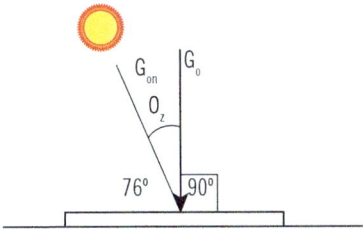

Por tanto, queda:

$$Go = 1.321,29 \cos 14° = 1.282,04 \ W/m^2$$

Partiendo de los datos anteriores se va a calcular la irradiancia solar extra-terrestre sobre un plano inclinado (Go$_\beta$), donde la inclinación de este es de 10° y el azimut 0° (lo que significa que la perpendicular al plano apunta directa-mente hacia el Sur y no existe desfase con respecto al Sol ya que también se encuentra con azimut 0°).

Para el cálculo se debe aplicar la ecuación:

$$Go\beta = Gon \cos \theta$$

En este caso, el ángulo θ se obtiene de la siguiente manera:

$$\theta z = 90^\circ - 76^\circ - 10^\circ = 4^\circ$$

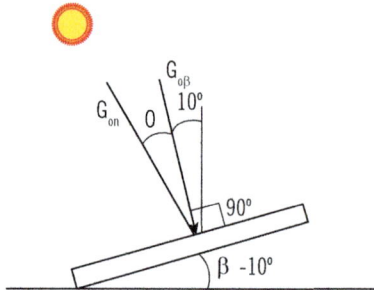

Por lo que, sustituyendo, se obtiene:

$$Go\beta = 1.321,29 \cos 4^\circ = 1.318,07 \text{ W/m}^2$$

Si se comparan los valores con los obtenidos en una superficie horizontal se puede observar que en la superficie inclinada, al incidir la radiación en un ángulo cercano al perpendicular de la superficie, la irradiancia resultante es mayor.

Si se quiere conocer la irradiación solar diaria tendría que realizarse el cálculo de las irradiaciones para las distintas altitudes solares a lo largo de un mismo día. Para facilitar los cálculos y reducir el tiempo en el diseño de una instalación, existen tablas que recogen los valores medios de irradiaciones para los distintos meses del año, las distintas latitudes y las distintas inclinaciones de los captadores. Estas tablas se obtienen recogiendo las mediciones realizadas en las diferentes estaciones meteorológicas existentes y pueden ser consultadas en la web del Instituto de la Energía de la Unión Europea. Las tablas deben usarse para estimar de manera rápida y aproximada los valores de radiación para una zona específica.

| Ejemplo de tabla de la cantidad de radiación solar media mensual según la latitud | | | | | | | | | | | |
|---|---|---|---|---|---|---|---|---|---|---|---|
| Lat ª Norte | Hemisferio Norte Ra en MJ · m⁻² · día⁻¹ | | | | | | | | | | |
| | Ene | Feb | Mar | Abr | May | Jun | Jul | Ago | Sep | Oct | Nov | Dic |
| 0.0 | 36.1 | 37.6 | 38.0 | 36.8 | 34.8 | 33.4 | 33.8 | 35.5 | 37.1 | 37.4 | 36.5 | 35.7 |
| 2.0 | 35.3 | 37.1 | 37.9 | 37.1 | 35.4 | 34.2 | 34.5 | 36.0 | 37.2 | 37.1 | 35.8 | 34.8 |
| 4.0 | 34.5 | 36.6 | 37.7 | 37.4 | 36.0 | 34.9 | 35.2 | 36.4 | 37.3 | 36.8 | 35.1 | 33.9 |
| 6.0 | 33.6 | 36.0 | 37.5 | 37.6 | 36.6 | 35.6 | 35.8 | 36.8 | 37.3 | 36.4 | 34.3 | 33.0 |
| 8.0 | 32.7 | 35.4 | 37.3 | 37.8 | 37.1 | 36.3 | 36.4 | 37.2 | 37.2 | 35.9 | 33.5 | 32.1 |
| 10.0 | 31.8 | 34.7 | 37.0 | 38.0 | 37.5 | 36.9 | 37.0 | 37.5 | 37.1 | 35.4 | 32.7 | 31.1 |
| 12.0 | 30.9 | 34.0 | 36.7 | 38.0 | 38.0 | 37.5 | 37.6 | 37.8 | 37.0 | 34.9 | 31.8 | 30.1 |
| 14.0 | 29.9 | 33.3 | 36.3 | 38.1 | 38.4 | 38.1 | 38.0 | 38.0 | 36.8 | 34.3 | 30.9 | 29.0 |
| 16.0 | 28.9 | 32.5 | 35.8 | 38.1 | 38.7 | 38.6 | 38.5 | 38.2 | 36.6 | 33.7 | 30.0 | 27.9 |
| 18.0 | 27.8 | 31.7 | 35.4 | 38.1 | 39.0 | 39.1 | 38.9 | 38.3 | 36.4 | 33.0 | 29.1 | 26.9 |
| 20.0 | 26.7 | 30.8 | 34.8 | 38.0 | 39.3 | 39.5 | 39.3 | 38.4 | 36.0 | 32.3 | 28.1 | 25.7 |
| 22.0 | 25.6 | 29.9 | 34.3 | 37.8 | 39.5 | 39.9 | 39.6 | 38.4 | 35.7 | 31.6 | 27.0 | 24.6 |
| 24.0 | 24.5 | 29.0 | 33.7 | 37.7 | 39.7 | 40.3 | 39.9 | 38.5 | 35.3 | 30.8 | 26.0 | 23.4 |
| 26.0 | 23.4 | 28.1 | 33.0 | 37.4 | 39.8 | 40.6 | 40.2 | 38.4 | 34.9 | 30.0 | 24.9 | 22.3 |
| 28.0 | 22.2 | 27.1 | 32.4 | 37.2 | 39.9 | 40.9 | 40.4 | 38.3 | 34.4 | 29.2 | 23.8 | 21.1 |
| 30.0 | 21.1 | 26.1 | 31.6 | 36.9 | 40.0 | 41.1 | 40.6 | 38.2 | 33.9 | 28.3 | 22.7 | 19.8 |

## Sabía que...

La estación internacional extrae la energía para su funcionamiento de la radiación solar. Debido a que el espacio carece de atmósfera la cantidad de radiación recibida en el espacio es mucho mayor permitiendo a la estación internacional cubrir sus energéticas con la mitad del campo fotovoltaico del que necesitaría en la superficie de la terrestre. Sin embargo la carencia de atmósfera obliga tanto a los astronautas como a la propia estación internacional a protegerse de la excesiva radiación solar recibida. Una de las formas es emplear el color blanco tanto en los módulos espaciales, como transbordadores o los propios trajes de los astronautas para reflejar la mayor cantidad de luz solar.

## Aplicación práctica

Una fábrica de aluminios quiere estudiar la posibilidad que ofrece la cubierta de una de sus naves para realizar una instalación fotovoltaica que cubra la demanda eléctrica de la nave. El técnico de la empresa encargada del estudio del proyecto debe calcular el potencial solar que ofrece la nave, y para ello necesita obtener la irradiancia para el 15 de julio y sobre un plano inclinado 25º sobre la horizontal.

Los datos que conoce son:

I Gsc = 1.366 W/m².
I Altitud solar = 45º.
I Azimut = 0º.

### SOLUCIÓN

Primero se debe calcular la irradiancia extraterrestre mediante la ecuación:

$$Gon = Gsc \ [1 + 0,033 \cos (360*n \ / \ 365)]$$

El 15 de julio se corresponde con el día n = 196 del año.

Sustituyendo, se obtiene:

$$Gon = 1.366 \ [1 + 0,033 \cos (360*196 \ / \ 365)]$$

$$Gon = 1.322,13 \ W/m^2$$

Lo siguiente es calcular la irradiancia para una superficie inclinada, y para ello se emplea la ecuación:

$$Go\beta = Gon \cos \theta$$

El ángulo se corresponde con:

$$\theta = 90º - 45º - 25º = 20º$$

Por tanto, Goβ será:

$$Go\beta = 1.322,13 \cos 20º = 1.242,39 \ W/m^2$$

## 3. El Sol y la Tierra

La Tierra es un planeta que orbita alrededor del Sol a una distancia aproximada de 150 millones de kilómetros. Su forma es esférica achatada por sus polos y presenta un radio aproximado de 6.378 km.

La Tierra es el tercer planeta más cercano al Sol y su movimiento de traslación (giro alrededor del Sol) tarda en completarse un año. A su vez, gira sobre sí misma en un movimiento llamado **rotación,** el cual tarda 1 día en completarse.

Se estima que la Tierra tiene una edad cercana a los 4.600 millones de años.

### 3.1. Conceptos básicos

El aprovechamiento de la energía solar se debe a dos motivos principalmente:

- Es una fuente inagotable y gratuita.
- Se prevé la extinción de los recursos naturales derivados del petróleo y la necesidad de mantener el abastecimiento de electricidad.

La energía procedente del Sol incide sobre la superficie de la Tierra generando el fenómeno climatológico; además, los rayos solares inciden sobre la superficie exterior de la Tierra, ya sea directamente difuminada por la atmósfera o reflejada por el entorno, generando cambios atmosféricos de magnitud considerable.

La cantidad de energía solar disponible en un punto de la Tierra depende del día del año, de la hora y de la latitud.

 Nota

Para mejorar la cantidad de radiación solar recibida debe orientarse de forma idónea el dispositivo receptor, con el fin de hacer lo más efectiva posible la captación solar.

La latitud es la distancia angular existente entre el Ecuador y el punto de estudio. En cambio, la longitud es el ángulo resultante de la medición a lo largo del Ecuador desde el meridiano de Greenwich (considerando Londres como punto de partida) y el punto de estudio. Los meridianos son semicircunferencias (mitad de una circunferencia) imaginarias que se trazan alrededor de la Tierra, paralelas al eje terrestre y que tienen su principio y fin en los polos. Gracias a los meridianos se pueden determinar las coordenadas horarias de una localidad o zona.

**Irradiancia solar extraterrestre sobre plano horizontal**

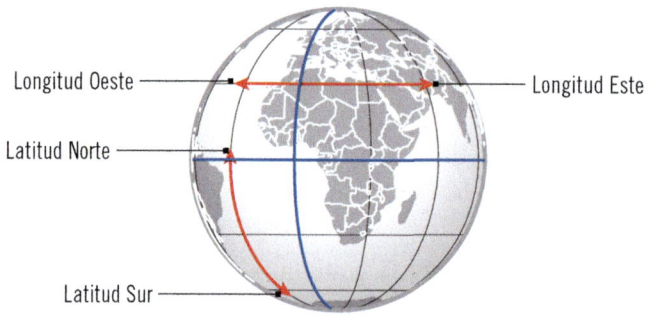

Longitud Oeste ———— ———— Longitud Este

Latitud Norte ————

Latitud Sur ————

 Definición

**Paralelos**
Aquellos círculos cuya intersección forma planos perpendiculares al eje de rotación terrestre. En cambio, los meridianos son semicírculos que pasan por los polos y cuya intersección forma planos paralelos al eje rotacional.

Un ángulo a tener en cuenta para los cálculos del potencial solar es el azimut, que es el ángulo existente entre el Sur y la situación del Sol en proyección horizontal.

## Nota

El viento se produce por una interacción entre el Sol, los océanos y la atmósfera. Esto se debe a la existencia de masas de aire a distintas temperaturas produciendo una constante circulación de las mismas.

La curva que describe la Tierra alrededor del Sol se denomina **elíptica,** y trazando la curva completa se obtiene el plano orbital terrestre. A lo largo de un año, mientras la Tierra recorre dicha curva, existen dos momentos en los que el Sol alcanza su zenit en el paso por el plano situado en el Ecuador terrestre, dando lugar a los equinoccios. Los equinoccios son las fechas en las que los días y las noches tienen igual duración. Por otra parte, los solsticios son las fechas del año en las que el Sol alcanza su mayor o menor altura aparente en el cielo, y por tanto la duración del día o de la noche son las máximas del año, respectivamente.

Como se vio anteriormente, la declinación solar es el ángulo comprendido entre el plano que genera la proyección del Ecuador terrestre con la línea que une los centros del Sol y la Tierra. Su valor varía a lo largo del año, siendo de 23,5° el 21 de junio y de −23,5° el 21 de diciembre, así como de 0° en los equinoccios de primavera y otoño.

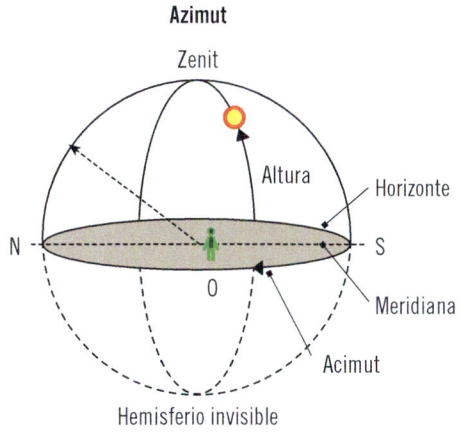

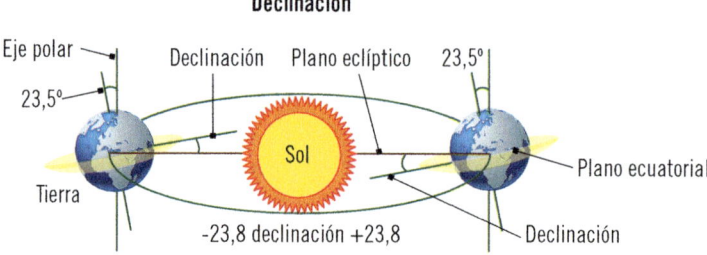

Por otra parte, los solsticios son los días del año en los que el Sol aparece más alto o más bajo en su recorrido diurno por el cielo.

## 3.2. Interacción Sol-Tierra

Los fenómenos climáticos como las estaciones del año, los vientos, las tormentas, los huracanes, los casquetes polares, los desiertos, etc., tienen su origen en el Sol.

La relación entre Sol y Tierra está determinada por la distancia existente a lo largo del periodo orbital de la Tierra alrededor del Sol, además de la inclinación del eje terrestre con respecto al plano orbital.

El periodo orbital es el tiempo que tarda la Tierra en volver a pasar por ese mismo punto de la órbita después de un recorrido completo alrededor del Sol, mientras que el plano orbital es el plano imaginario sobre el cual orbita la Tierra, cada planeta describe su propio plano orbital con respecto al Sol.

La órbita que describe la Tierra alrededor del Sol tiene forma de elipse y el Sol se sitúa en uno de los focos de la elipse; debido a esto y al cambio del eje rotacional de la Tierra, se producen las estaciones.

El 21 de junio se produce el solsticio de verano, que es cuando el hemisferio norte se inclina hacia el Sol aumentando la duración de los días; en cambio, el 21 de diciembre se produce el solsticio de invierno, que es cuando el hemisferio sur se inclina hacia el Sol produciendo que la duración de las horas de Sol en el hemisferio norte se acorten.

**Órbita de la Tierra**

Eje de rotación

Equinocio de otoño
(22-23 septiembre)

Solsticio de invierno
(21-22 de diciembre)

Otoño

Punto más cercano
(Perihelio, 3 de enero)

Invierno

Verano

Punto más lejano
(Afelio, 4 junio)

Equinocio de primavera
(20-21 marzo)

Primavera

Solsticio de verano (21-22 junio)

## Actividades

7. ¿Qué es el equinoccio? Buscar información sobre los días en los que ocurre y qué fenómeno curioso se produce.
8. Buscar información de las fechas en las que se producen los equinoccios.

## 3.3. Los movimientos de la Tierra

La Tierra se desplaza orbitando alrededor del Sol realizando dos movimientos principales:

- **Rotación:** giro sobre su propio eje.
- **Traslación:** giro alrededor del Sol.

Aunque también se pueden encontrar los siguientes movimientos terrestres:

- **Nutación:** oscilación del eje de la Tierra.
- **Precesión:** cambio en la inclinación del eje terrestre.

La traslación es la causante de la cantidad de luz y calor de la superficie terrestre a lo largo de un día, además de los cambios de estaciones. El movimiento de traslación se debe a la fuerza de atracción gravitatoria que ejerce el Sol sobre la Tierra.

La rotación es la causante de la alternancia entre día y noche, y su giro se debe a la existencia de una inercia de giro inicial, que al no encontrar resistencia en el espacio se mantiene constante.

## Sabía que...

La tierra tarda exactamente 23 horas, 56 minutos y 4,09 segundos en rotar sobre sí misma, es por ello que el día solar presenta aproximadamente 4 minutos de diferencia.

El movimiento de rotación de la Tierra presenta un giro de oeste a este, por lo que el Sol aparece por oriente y se pone por occidente. Gracias a la rotación terrestre se puede localizar cualquier punto de su superficie, así como dividir el tiempo en horas.

Para orientarse en el hemisferio norte de la superficie terrestre basta con posicionarse de tal forma que, si se sitúa el brazo derecho hacia la salida del Sol y el brazo izquierdo hacia la puesta, se estará mirando directamente hacia el Norte y a la espalda se podrá encontrar el Sur.

Además de las estaciones, la traslación es la causante de las **zonas térmicas** de la Tierra. Debido a la variación de la cantidad y la intensidad de radiación solar que llegan a la superficie terrestre según la latitud y las estaciones del año, se establecen las grandes zonas térmicas y climáticas, donde se diferencian un área cálida en la zona intertropical, dos zonas templadas en las latitudes medias de ambos hemisferios y dos zonas frías o polares.

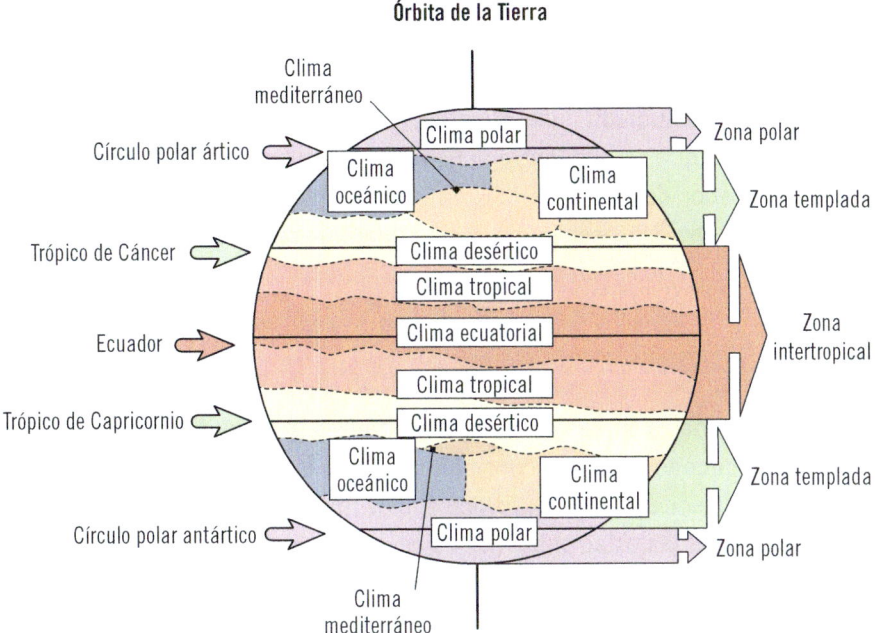

Órbita de la Tierra

 Aplicación práctica

La empresa SunSolar S. A. tiene un programa de ayuda para los países menos desarro-llados. Va a colaborar en un proyecto para realizar una instalación fotovoltaica en el sur de África, y para ello ha enviado a un grupo de personal a la zona. Durante la visita, el grupo analiza el terreno para la instalación y quiere comprobar si unos árboles cer-canos crearán sombra. Para ello debe determinar los puntos cardinales y no dispone de brújula. Explique cómo procedería el grupo y qué consideraciones debería tener respecto a las sombras, dado que se encuentra en el hemisferio sur.

## SOLUCIÓN

Puesto que no dispone de brújula, procederá a orientarse mediante la salida y la puesta del Sol. Para ello se situará de forma que el brazo derecho apunte hacia la salida del Sol y el brazo izquierdo hacia la puesta. De frente encontrará el Norte y a la espalda el Sur.

Al encontrase en el hemisferio sur, las sombras se proyectarán hacia el Sur, justo al con-trario que en el hemisferio norte. Por lo que, si el árbol se encuentra en la zona norte de la instalación, podría causar sombras en función de la cercanía y la altura de este.

## 3.4. Traslación, rotación, precesión y nutación

Como se ha estudiado anteriormente, la Tierra, que no es completamente esférica puesto que se encuentra achatada por los polos, dibuja un recorrido elíptico alrededor del Sol que, junto a los movimientos de desfase de su eje (precesión y nutación), hace que presente diferentes posiciones según la época del año.

### Traslación

La Tierra tarda 365 días, 6 horas, 9 minutos y 10 segundos en completar una vuelta alrededor del Sol, conociéndose este intervalo como **año sidéreo.** Una de las consecuencias que provoca el movimiento de traslación en la Tierra es la sucesión de las estaciones. Las estaciones se deben a la inclinación que presenta el eje de la Tierra sobre el plano orbital.

### Definición

**Año sidéreo**
Es el intervalo de tiempo existente entre dos pasos consecutivos de la Tierra por un mismo punto de su órbita, teniendo como referencia las estrellas. Por otra parte, el año trópico es el intervalo de tiempo que transcurre entre dos periodos consecutivos donde el eje de rotación de la Tierra forma una perpendicular alineada con el Sol en el equinoccio de invierno.

### Rotación

Es el movimiento que realiza la Tierra sobre su propio eje. La rotación lleva aparejado otro fenómeno denominado **declinación** que se corresponde con la inclinación de 23.5° de desfase entre el plano de traslación y el eje de rotación. Es decir, la oblicuidad elíptica es el ángulo de inclinación del eje de la Tierra con respecto a la perpendicular del plano orbital. Además, la oblicuidad elíptica es la responsable de las estaciones del año.

Oblicuidad elíptica

## Precesión

El movimiento de precesión es el movimiento circular que describe el eje inclinado de la Tierra, además de ser el responsable de los equinoccios.

El fenómeno del equinoccio ocurre dos veces al año, uno en primavera y otro en otoño. En este día, tanto la noche como el día tienen la misma duración en todos los puntos de la Tierra.

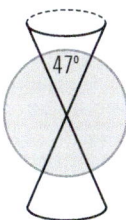

Movimiento de precesión

## Nutación

Recibe el nombre de **nutación** el ligero oscilamiento que sufre el eje de la Tierra. Este oscilamiento debe ser tenido en cuenta cuando se pretenda calcular el potencial solar que presenta un punto.

**Movimiento de precesión**

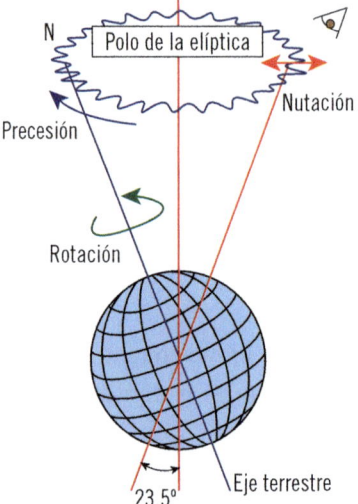

La nutación se debe al achatamiento de los polos y a la atracción que se produce con la Luna sobre el Ecuador. Este movimiento se produce junto con el movimiento de precesión.

 **Actividades**

9. Realizar un resumen de los movimientos de la Tierra y acompañarlo de un dibujo representativo.

## 3.5. Posición de un observador sobre la superficie terrestre

La posición de un observador sobre la superficie terrestre se puede fijar mediante tres tipos de coordenadas:

- Coordenadas geocéntricas.
- Coordenadas geodésicas.
- Coordenadas geográficas o astronómicas.

## Coordenadas geocéntricas

En este sistema se toma como coordenadas de partida el origen del centro de masa de la Tierra y como plano para los ejes el Ecuador terrestre. De esta manera, aparecen los siguientes conceptos:

- $\Phi$: latitud geocéntrica.
- $\lambda$: longitud geocéntrica.
- $\rho$: distancia radial.

Como meridiano de referencia se establece el eje rotacional en dirección y sentido hacia el Norte.

**Movimiento de precesión**

## Coordenadas geodésicas

Este sistema de referencia se establece transformando la Tierra en un elipsoide de revolución.

 **Definición**

**Elipsoide de revolución**
Cuerpo geométrico en forma de elipse que se obtiene al cortar una esfera y extender su superficie sobre un plano.

La latitud geodésica es el parámetro empleado para referenciar al sistema de coordenadas y puede encontrarse en mapas, atlas y diccionarios geográficos:

- φ: latitud geodésica.
- λ: longitud geodésica.
- h: altura.

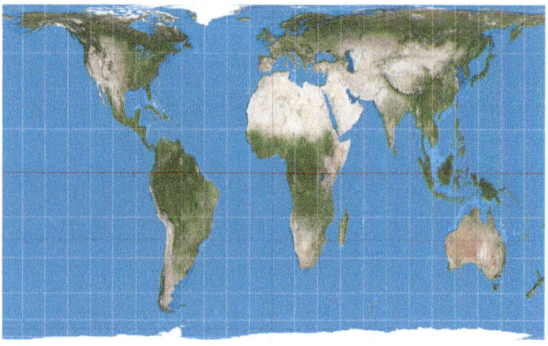
*Mapa geodésico*

 **Sabía que...**

Históricamente, los meridianos de referencia se han definido por diferentes observatorios astronómicos. El Imperio británico definió como meridiano de referencia el que atraviesa el Observatorio Real de Greenwich, y actualmente es el meridiano de referencia general.

## Coordenadas geográficas

Las coordenadas geográficas determinan la latitud y la longitud median-te observaciones astronómicas. Para ello se establecen las mediciones con respecto al meridiano local o meridiano de estudio a través de la vertical y el polo celeste (Polo Norte o Polo Sur según el hemisferio). La vertical se obtiene por plomada o por nivel de burbuja. El meridiano local es el círculo mayor de la esfera celeste que es perpendicular al horizonte local. Normalmente, en el cálculo del potencial solar se emplean las coordenadas geográficas.

**Representación de las coordenadas geográficas**

## 3.6. La esfera celeste

La esfera celeste representa una extensión de la esfera terrestre de radio infi-nito sobre la cual se proyectan los cuerpos celestes (estrellas) y donde el centro de referencia es el observador. La esfera celeste se compone de circunferencias y elementos de referencia. Es una forma clásica de representación del cielo que consiste en imaginar una esfera concéntrica con la Tierra. Cada uno de los puntos de la esfera representa una dirección del cielo vista desde la Tierra. Las coordenadas ecuatoriales se definen sobre la esfera celeste, por lo que existen polos y ecuador celeste, y se definen en relación con los de la Tierra.

Cuando se observan las estrellas en el cielo, se pueden identificar las di-recciones que estas presentan, pero no la distancia a la que se encuentran.

Es por ello que se asemeja a una esfera (esfera celeste) donde las estrellas se proyectan como puntos luminosos.

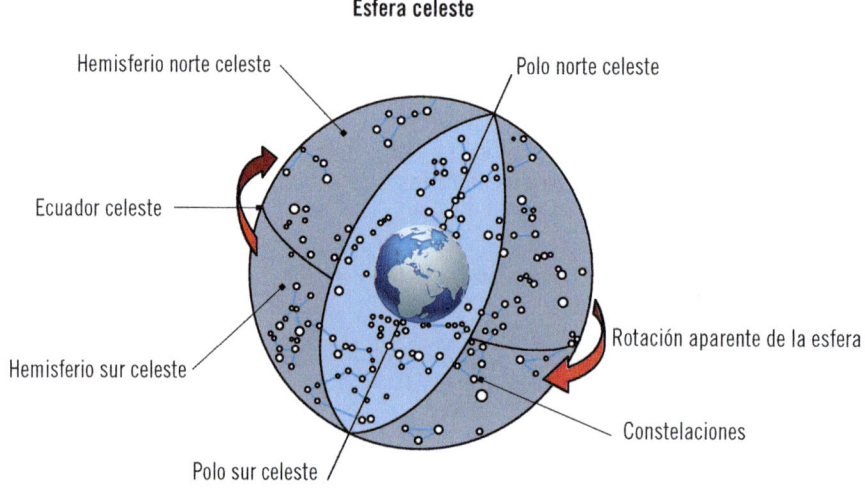

**Esfera celeste**

Hemisferio norte celeste

Polo norte celeste

Ecuador celeste

Hemisferio sur celeste

Polo sur celeste

Rotación aparente de la esfera

Constelaciones

## Importante

Cuando se habla de esfera terrestre se hace tomando como punto de referencia el situado en la superficie terrestre, mientras que cuando se habla de esfera celeste se toma como punto de referencia el centro de la Tierra.

## 3.7. Sistemas de referencia

Gracias a la esfera celeste se pueden establecer unos sistemas de referencia, importantes para mediciones u observaciones situando las estrellas en puntos fijos.

A partir de la esfera celeste se generan las coordenadas ecuatoriales de los astros, las cuales no dependen de la posición que ocupa el observador en la Tierra y presentan la ventaja de no variar de forma apreciable en el tiempo. Las coordenadas ecuatoriales emplean como referencia el ecuador celeste para la declinación en el punto de Aries o equinoccio vernal (el punto de Aries es el punto de proyección del Sol al pasar del hemisferio sur al norte), y su importancia reside en la posibilidad de establecer la posición de un objeto en la esfera celeste de forma absoluta, es decir, sin hacer referencia a la posición que ocupa el observador en la Tierra.

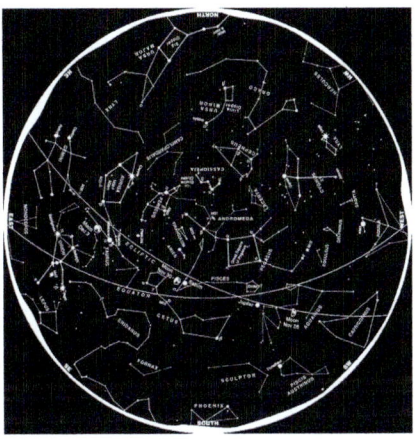

*Esfera celeste en el hemisferio norte*

 Sabía que...

Las coordenadas ecuatoriales se emplean para catalogar las posiciones de los astros en la esfera celeste.

## 3.8. Movimiento aparente del Sol sobre el horizonte

Debido al movimiento rotacional de la Tierra, un observador situado en la superficie terrestre aprecia un movimiento aparente del Sol en el horizonte, en lugar del propio giro de la misma. Si se observa el movimiento del Sol en el transcurso de un día, se aprecia que este sale por el Este y se pone por el Oeste. Estos puntos pueden ser usados como referencia para orientarse en la superficie terrestre.

Conocer la posición relativa del Sol respecto a una superficie horizontal permitirá poder calcular y determinar la cantidad de energía que esa superficie es capaz de captar en una determinada época del año y a una determinada hora del día. Además, permite identificar las zonas más favorables para realizar la instalación de dispositivos de captación solar, comparando el potencial solar que presentan dos zonas.

**Orientarse con el movimiento aparente del Sol**

La salida gradual del Sol va dando paso al día, este fenómeno recibe el nombre de **amanecer.** En la puesta del Sol, a los últimos minutos de luz solar, se le denomina **atardecer.**

Cuando se observa el movimiento del Sol sobre el cielo, puede establecerse que este realiza un recorrido que abarca 15° cada hora aproximadamente o, lo que es lo mismo, el Sol recorre 5° cada 20 minutos.

Para la determinación del potencial solar es necesario conocer en cada momento la posición relativa del Sol respecto a una superficie de estudio horizontal. Determinar el potencial solar significa establecer la cantidad de energía y el número de horas que el Sol está irradiando en una determinada zona. El potencial solar no solo varía diariamente sino también a lo largo de un año.

Centrándose en el estudio del potencial solar a lo largo de un día, cuantas más horas de Sol, y durante más tiempo permanezca este en el zenit, mayor y más intensa será la energía solar captada. Por otra parte, a lo largo de un año las épocas estivales presentan una mayor duración de los días y una mayor intensidad solar, siendo más aprovechable el potencial solar en esta época. Gracias al conocimiento de la posición relativa del Sol en un año, se puede determinar la existencia de sombras sobre la superficie de estudio; a partir del cálculo de la posición solar se establecen los posibles objetos que pueden generar sombras y la influencia de estas en la superficie de estudio para las distintas épocas del año y durante el recorrido solar diario.

## 3.9. Tiempo solar y tiempo oficial

El tiempo solar está basado en la medida del tiempo conforme al movimiento aparente del Sol sobre la horizontal del emplazamiento. A lo largo de un año, el Sol no presenta un movimiento regular, y debido a esto el tiempo solar se divide en:

- **Tiempo solar aparente:** se basa en medir el día solar por medio del intervalo entre dos pasos consecutivos del Sol por el meridiano.
- **Tiempo solar medio o tiempo oficial:** su medida se basa en establecer un sol ficticio, el cual se desplaza a una velocidad constante a lo largo del año. La duración de un día se estima en 24 horas.

El tiempo solar medio se corresponde con el tiempo que tarda en pasar el Sol dos veces consecutivas por el meridiano local, se emplea de manera oficial y está coordinado mediante el Tiempo Universal Coordinado. El principal estándar de tiempo por el cual se regulan los relojes de todo el mundo es el UTC, que en español son las siglas de Tiempo Universal Coordinado, y se calcula mediante un reloj atómico de alta precisión.

### Actividades

10. ¿Qué diferencia existe entre el tiempo solar medio y el aparente? Explicarlo mediante ejemplos.

## 3.10. La ecuación del tiempo

La ecuación del tiempo es la diferencia entre el tiempo solar aparente y el tiempo solar medio, y en ciertas ocasiones la diferencia entre ambos llega a ser de 16 minutos.

El tiempo oficial local (LCT) se mide respecto a la coordenada de longitud en el punto de estudio del observador y se calcula mediante la ecuación:

$$LCT = (TR - 12) + \frac{LM - LH}{15} - Ao$$

Donde:

- **TR:** tiempo que marca el reloj (es igual al tiempo solar medio aumentado en 12 horas, TSM = TR − 12).
- **LM:** longitud del meridiano en el punto para el que se calcula el tiempo oficial local.
- **LH:** longitud del meridiano en el huso horario del observador (si es hacia el Oeste debe considerarse negativo).
- **Ao:** adelanto del horario oficial sobre el huso horario.

Por otra parte, si se quiere calcular el tiempo solar verdadero (LST), basta con aplicar la expresión:

$$LST = LCT + \text{ecuación del tiempo (ET)}$$

La ecuación del tiempo varía en función del día de estudio. A continuación se muestra una gráfica para su cálculo:

**Variación anual de la ecuación del tiempo. La línea roja marca los minutos que se deberán sumar o restar al tiempo solar verdadero en función del día del año de estudio**

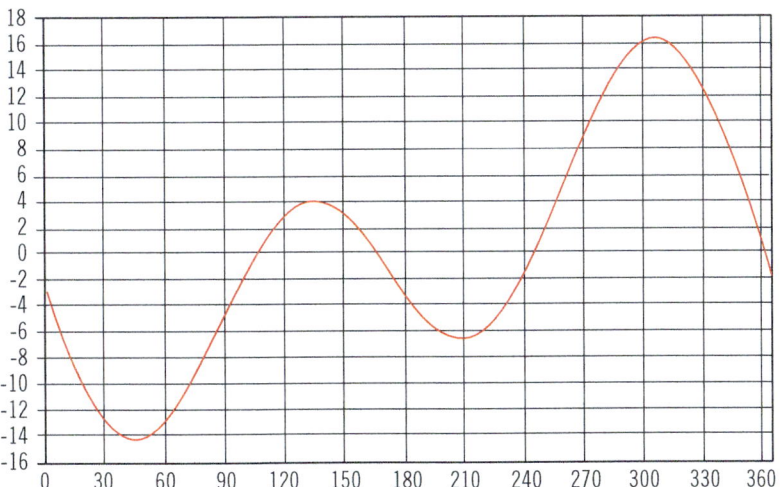

## Ejemplo

Se va a calcular el tiempo solar verdadero (LST) de una ciudad española en la Península ibérica con una longitud de -4 grados en el meridiano de Greenwich. A la hora en la que se realiza la lectura, el reloj marca las 13:30 del 15 de abril, con lo que el huso horario es GTM+1.

Continúa en página siguiente >>

<< Viene de página anterior

Para calcular el tiempo solar verdadero es necesario calcular el tiempo oficial local (LCT), cuya ecuación es:

$$LCT = TR - 12 + (LM\text{-}LH) / 15 - Ao$$

En este caso se tiene que:

$TR = 13,5$ (13:30).

$LM = -4$.

$LH = 15$ (porque GTM+1 es 1 hora de adelanto y cada hora significa 15° solares).

$Ao = 1$ hora (porque es el horario de adelanto en verano).

$$LCT = 13,50 \text{ h} - 12 \text{ h} + ((-4) - 15) / 15 - 1$$

$$LCT = -0,77 \text{ h} = -46 \text{ min}$$

Para calcular la ecuación del tiempo se debe obtener el día del año e introducirlo en la gráfica. El 15 de abril se corresponde con el día $n = 105$ del año, que si se introduce en la gráfica se obtiene un $Et = 0$ aproximadamente. Por tanto, el tiempo solar verdadero será:

$$LST = LCT + Et = -46$$

Lo que indica que, a las 13:30 del día 15 de abril en el punto de estudio, faltan unos 46 minutos para que el Sol llegue al medio día solar.

 Actividades

11. Localizar en la gráfica de la ecuación del tiempo el tiempo de adelanto o atraso que le corresponde al día de hoy.

**Aplicación práctica**

Como montador de instalaciones de la empresa FotoRenovable SA acaba de terminar la instalación de una planta fotovoltaica en Málaga (longitud = –4). Llega el momento de configurar los inversores que serán los encargados de verter la electricidad generada en la red eléctrica; y para ello uno de los parámetros que le pide el aparato es la introducción del tiempo oficial local. Es el día 28 de agosto y la hora que marca su reloj de pulsera es las 12:00. Obtenga el parámetro para introducirlo en el inversor.

**SOLUCIÓN**

Para calcular el tiempo oficial local (LCT) debe aplicarse la ecuación:

$$LCT = TR - 12 + (LM - LH) / 15 - Ao$$

En este caso se tiene que:

TR = 12:

LM = –4.

LH = 15, porque España emplea GTM+1.

Ao = 1 hora (porque es el horario de adelanto en verano).

Sustituyendo:

$$LCT = 12 - 12h + (-4 - 15) / 15 - 1$$

$$LCT = -1,36 \ h = -1 \ hora, \ 21 \ min \ y \ 3 \ seg.$$

Por tanto, el tiempo oficial local se obtiene restándole 1 hora, 21 minutos y 3 segundos al tiempo que marca el reloj de pulsera.

## 3.11. Cálculo de la posición solar. Ecuaciones aproximadas

La posición del Sol en el cielo para un determinado punto se obtiene por la altura solar (A), que es la elevación solar sobre el horizonte, y mediante el azimut (Z), que es la proyección del ángulo del Sol sobre el horizonte y el Sur, presentando valores negativos hacia el Este y con valores positivos hacia el Oeste.

La obtención de los valores de altura solar y azimut dependen de la latitud (φ), la declinación (δ) y el ángulo horario ($\omega_0$). La declinación se obtiene de la ecuación:

$$\delta(^{\circ}) = 23,45 \ \text{sen} \left( 360 \frac{284 + n}{365} \right)$$

Donde n = al número del día en el año. Por ejemplo, el 20 de febrero es el n = 51.

**Ángulo de la declinación**

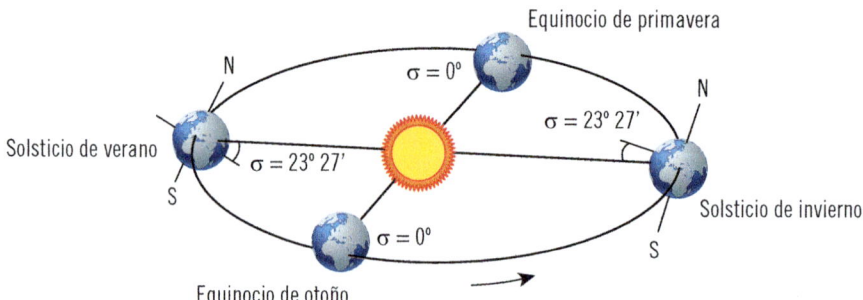

En el cálculo de la posición del Sol es necesario establecer un sistema de referencias, y para ello se tomará el plano que forma el punto de estudio con el horizonte y es tangente a dicho punto.

El ángulo horario ($w_0$) es el comprendido entre el plano que describe el meridiano en el punto de estudio y el plano que describe el meridiano solar. El ángulo horario varía a lo largo de un día, en el medio día solar el ángulo se establece en 0°. El Sol recorre 15° cada hora y los valores del ángulo solar se consideran negativos antes del mediodía solar y positivos posteriormente. La ecuación del ángulo horario es:

$$w_0 = 15 \, (Tsv - 12)$$

Donde Tsv significa **tiempo solar verdadero** y se calcula mediante la ecuación:

$$Tsv = (TR - A_0) + ET + \frac{1}{15}(L_m - L)$$

Donde:

- **TR:** hora oficial del punto de estudio.
- **A$_0$:** adelanto del huso horario y que depende del punto de estudio, en España es de 1 hora en invierno y de 2 en verano.
- **ET:** es la ecuación del tiempo y se calcula mediante la siguiente expresión:

$$ET(min) = 9{,}87 \, sen \, (2B) - 7{,}53 \, cos \, B - 1{,}5 \, sen \, B; \, B(^\circ) = \frac{360}{364}(n - 81)$$

Donde:

- **Lm:** coordenada de longitud del meridiano del huso horario del punto que se estudia.
- **L:** coordenada de longitud del meridiano en el punto de estudio.

La altura solar (A) es el ángulo que forma la línea que une el centro del Sol con el punto de estudio y la proyección horizontal de la posición del Sol. El complementario de la altura solar es el ángulo cenital (θ).

La altura solar se obtiene mediante la ecuación:

$$\text{sen } A = \cos \Theta = \text{sen } \varphi \text{ sen } \delta + \cos \varphi \cos \delta \cos w_0$$

$$A = \text{arcsen (sen } \varphi \text{ sen } \delta + \cos \delta \cos w_0)$$

El azimut (Z) es el ángulo que abarca la proyección del Sol sobre el plano horizontal y la dirección Sur, y se considera positivo si la proyección solar está desplazada hacia el Oeste y negativo hacia el Este.

El azimut se calcula con la expresión:

$$Z = \text{arcsen } \frac{\cos \delta \text{ sen } w_0}{\cos A}$$

**Altitud solar y azimut**

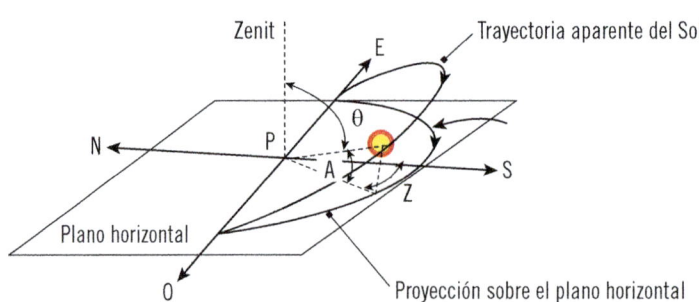

Mediante la latitud, la fecha, la hora y las ecuaciones aproximadas se puede calcular la posición solar. Las ecuaciones aproximadas son una serie de ecuaciones matemáticas que permite ubicar la posición del Sol para un determinado día y hora de forma aproximada. Para reducir tiempo a la hora del cálculo se emplean cartas solares cilíndricas, que son la representación del Sol sobre el cielo para una determinada latitud considerando su desplazamiento contenido en la superficie de un cilindro.

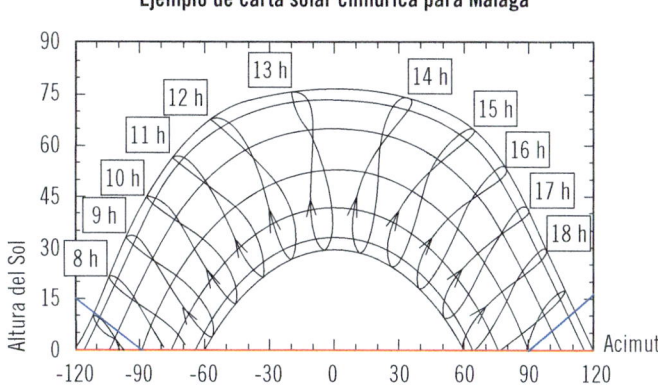

Ejemplo de carta solar cilíndrica para Málaga

En la gráfica, la curva interna representa el movimiento del Sol en los meses de invierno (diciembre-enero), mientras que la curva externa representa los meses más soleados y, por tanto, de verano (julio-agosto).

### Ejemplo

Se va a determinar mediante la carta cilíndrica anterior la posición del Sol para el mes de mayo a las 15:00 horas.

El mes de mayo se corresponde aproximadamente con la cuarta curva comenzando desde el centro, por lo que se obtienen los siguientes valores:

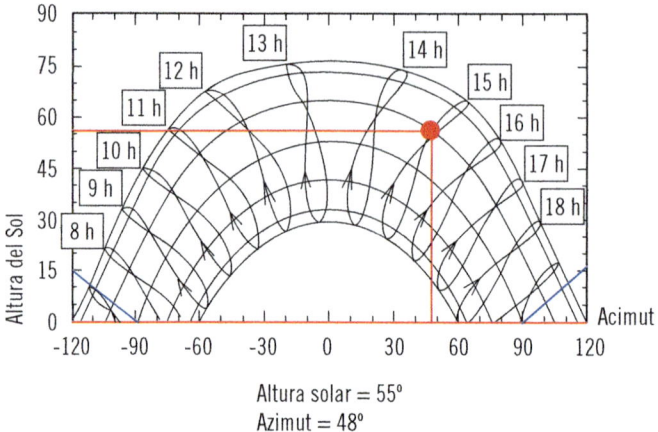

Altura solar = 55°
Azimut = 48°

## Aplicación práctica

Va a realizar el presupuesto de una planta solar, y para ello necesita los datos de azimut y altura solar. Un compañero que ha visitado la zona donde se va a instalar la planta ha medido un azimut de −20 grados a las 11:00 horas del mediodía en el mes de agosto en Murcia.

Explique cómo obtendría la altura solar de la zona a partir de la siguiente carta cilíndrica:

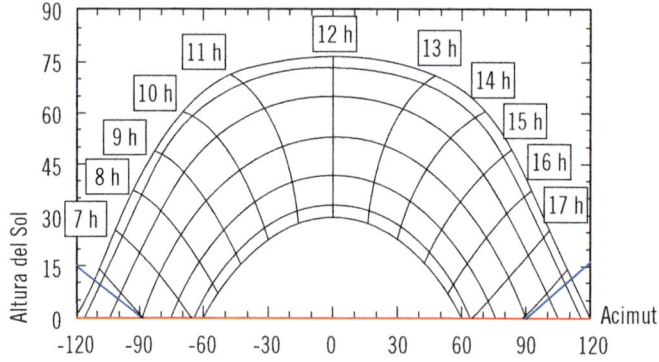

*Solución*

Para obtener la altura solar de la zona se podrían aplicar las ecuaciones aproximadas, pero en este caso resulta más sencillo y rápido hacerlo mediante la carta solar cilíndrica de Murcia.

Para el mes de agosto, un azimut de −20° y las 11:00 horas, se tiene una altura solar de:

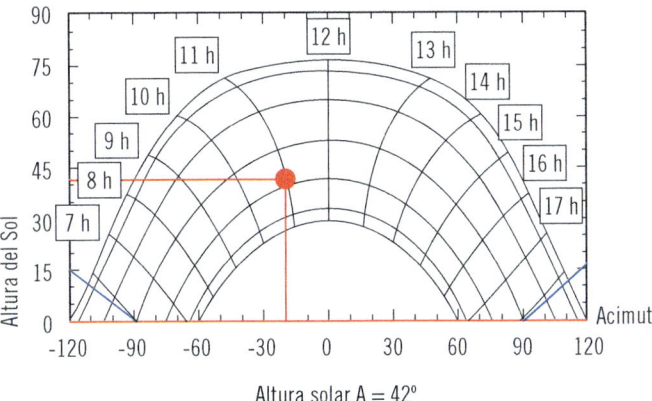

Altura solar A = 42°

## 3.12. Posición del Sol relativa a una superficie plana

Cuando se habla de una superficie plana, se está haciendo referencia a una superficie de captación solar plana que será irradiada por el Sol.

Para establecer la posición relativa del Sol con respecto a una superficie plana se debe calcular el ángulo de incidencia del Sol ($\Psi$). Este ángulo recorre la normal a la superficie con la radiación solar directa.

Como se vio anteriormente, la posición del Sol depende de varios factores como la declinación, la latitud, etc. En el caso de la posición del Sol relativa a una superficie plana, debe contarse además con la orientación de la que dispone la superficie plana de captación.

El ángulo de incidencia solar (Ψ) se calcula mediante la expresión:

$$\cos\Psi = \text{sen}\delta \cdot \text{sen}\varphi \cdot \cos s - \text{sen}\delta \cdot \cos\varphi \cdot \text{sen}s \cdot \cos\gamma + \cos\varphi \cdot \cos\varphi \cdot \cos s \cdot \cos w_0$$
$$+ \cos\delta\ \text{sen}\varphi\ \text{sen}s \cdot \cos\gamma\ \cos w_0 + \cos\delta \cdot \text{sen}\ s \cdot \text{sen}\gamma \cdot \text{sen}\ w_0$$

En el caso de tratarse de una superficie de estudio horizontal, la inclinación de la superficie sería de 0°, con lo que la expresión quedaría de la siguiente forma:

$$\cos\Psi = \text{sen}\delta \cdot \text{sen}\varphi + \cos\delta \cdot \cos\varphi \cdot \cos w_0$$

Que se corresponde con el ángulo cenital:

**Posición del Sol relativa a una superficie plana donde γ representa el ángulo existente entre la proyección horizontal de la perpendicular al plano inclinado, mientras que la dirección sur representa la inclinación del plano o superficie captadora**

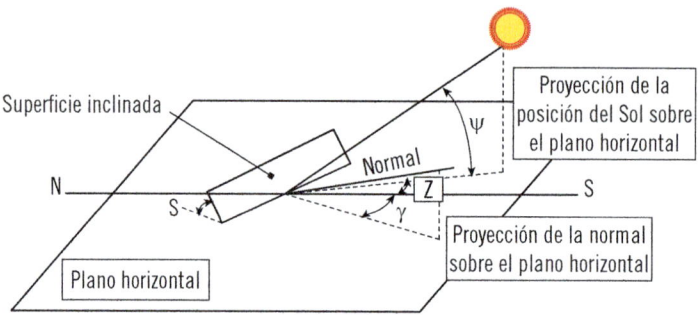

Cuando se emplean superficies captadoras planas para la recolección de la energía solar, se busca aumentar la capacidad de captación solar aumentando el número de horas y maximizando el potencial total aplicando orientaciones e inclinaciones de la superficie captadora de manera que la diferencia entre la normal de la superficie plana y la radiación solar directa sea la menor posible.

En función del proyecto y las necesidades energéticas, también debe valorarse la necesidad de obtener el máximo potencial posible para los meses de verano o para un año completo. De esta forma, se sabe que en invierno la altura solar es más baja, por lo que requiere inclinaciones más altas de la superficie captadora, mientras que en verano la altura solar es bastante más elevada, por lo que se busca orientar el plano captador prácticamente paralelo al suelo, es decir, totalmente horizontal.

Como puede verse en la siguiente imagen, lo que se busca es captar el máximo de Sol en las horas de mayor radiación de todo el año, siendo mejor aquel dimensionado que consiga una curva más plana y abarque más horas solares.

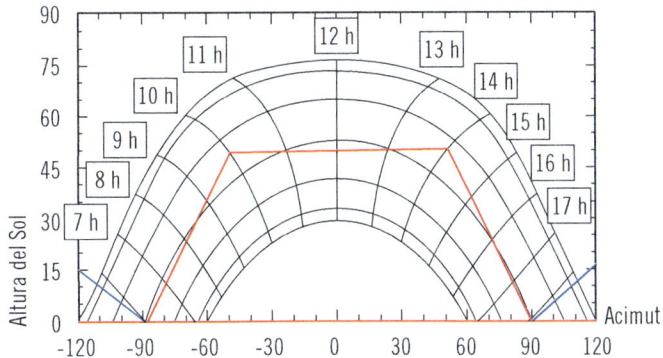

### Ejemplo

Se va a calcular el ángulo de incidencia solar con respecto a una superficie plana horizontal y compararla con otra inclinada 25° con = 5°. Los datos que se tienen son:

- $\delta = 20°$.
- $\varphi = 30°$.
- $w_0 = -25°$.

En el caso de la superficie horizontal se tiene:

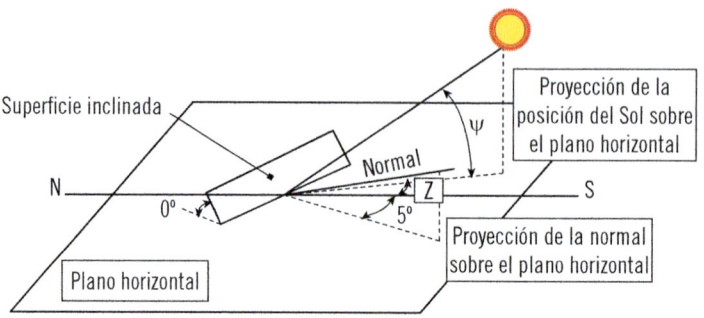

$$\cos\Psi = \text{sen } 20 \cdot \text{sen } 30 + \cos20 \cdot \cos3 \quad 0 \cdot \cos \quad (-25)$$

Para el caso de la superficie plana inclinada a 25° se tiene:

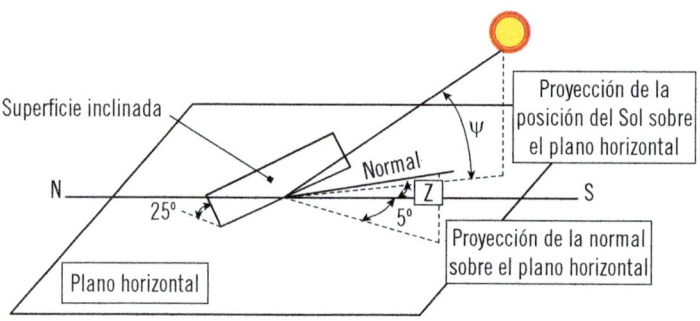

$$\cos\Psi = \text{sen}20 \cdot \text{sen}30 - \text{sen}20 \cdot \cos30 \cdot \text{sen}25 \cdot \cos5 + \cos20 \cdot \cos30 \cdot$$
$$\cos25 \cdot \cos(-25) + \cos20 \cdot \text{sen}30 \cdot \text{sen}25 \cdot \cos5 \cdot \cos (-25) + \cos20 \cdot \text{sen}25$$
$$\cdot \text{sen}5 \cdot \text{sen} (-25)$$

$$\Psi = 28,5°$$

## 4. Resumen

Obtener energía del Sol es cada vez más una realidad integrada en nuestra sociedad, pues poco a poco la humanidad empieza a ser consciente de la posibilidad cercana de un agotamiento total de los recursos naturales basados en el petróleo, el gas o el carbón. Conocer cómo interactúa el Sol con la Tierra es fundamental para aprovechar al máximo el potencial que este ofrece como fuente energética.

Cualquier diseño de una instalación basada en energía solar precisa de un conocimiento básico de la radicación solar, su composición y su incidencia en la superficie terrestre, teniendo en cuenta su paso por la atmósfera.

En el cálculo de una instalación solar es fundamental precisar el punto exacto en el que se encuentra el Sol para cada momento del día o del año, con el fin de obtener un mayor rendimiento de la instalación.

Finalmente, conocer cómo influyen los cambios sobre la inclinación o la orientación de una superficie captadora plana permitirá realizar instalaciones que se adecúen al rendimiento buscado en cada momento.

## Ejercicios de repaso y autoevaluación

1. **Las partes que componen el Sol son: núcleo, fotosfera, cromosfera y corona. Indique de qué se compone cada una.**

_____
_____
_____
_____
_____
_____
_____

2. **El Sol en el cielo...**

   a. ... tarda siempre 11 horas en recorrerlo.
   b. ... recorre 15º a la hora.
   c. ... nunca pasa por el zenit.
   d. ... avanza de forma elíptica sin desaparecer.

3. **Relacione.**

   a. Constante solar.
   b. Masa atmosférica en el zenit.
   c. Cantidad de $O_2$ en la atmósfera.
   d. Espectro visible.
   e. Desfase entre el plano de traslación y el eje de rotación de la Tierra.

   __ 0,35-0,75 m.
   __ 1.600 W/m$^2$.
   __ 23,5º.
   __ 1.
   __ 21%.

4. ¿Qué diferencia existe entre nutación y precesión?

_____

_____

_____

_____

5. Un observador sobre la superficie terrestre puede fijar su posición mediante...

    a. ... coordenadas geocéntricas.
    b. ... coordenadas geodésicas.
    c. ... coordenadas geográficas.
    d. Todas las opciones son correctas.

6. Complete la tabla.

| Rotación | |
|---|---|
| Traslación | |
| | Radiación recibida por los efectos de dispersión atmosféricos |
| | Límite exterior de la atmósfera que alcanza los 9.600 km de altura |

7. ¿Cuál es la ecuación del tiempo oficial local (LCT)?

_____

_____

8. Complete.

La cantidad de energía recibida del Sol en la capa externa de la _____, dividida por la unidad de superficie de estudio, se define como _____ _____.

9. La siguiente ecuación se corresponde con...

$$w_0 = 15\,(Tsv - 12)$$

    a. ... la altitud solar.
    b. ... el azimut solar.
    c. ... el ángulo horario.
    d. ... el ángulo cenital.

10. Complete.

La _____ luz del día, antes de que aparezca el Sol sobre la horizontal, recibe el nombre de _____. Por el contrario, el _____ es la última luz del día.

11. ¿Cuánto mide aproximadamente el radio de la Tierra? ¿Qué distancia separa a la Tierra del Sol?

_____
_____

12. ¿Cuáles son las unidades de la irradiancia extraterrestre y con qué letras se designan?

_____
_____

13. Complete

Partiendo del 100 % de la radiación que llega a la atmósfera, se estima que solo un _____ de la radiación alcanza la superficie terrestre y que de ese _____ solo un 20 % es absorbido por _____, siendo un el resto _____.

14. ¿En qué se descompone la radiación extraterrestre?

_____
_____

**15. ¿Para qué se emplea la carta solar cilíndrica?**

_____

_____

_____

_____

# Capítulo 2

# Conversión de la energía solar

# Contenido

# 1. Introducción

La energía solar puede ser aprovechada por diferentes procesos. Del total de la energía que recibe la Tierra proveniente del Sol, la mayor parte es absorbida, reflejada o reirradiada; no obstante, procesos como la fotosíntesis, el ciclo del agua o la energía eólica son posibles gracias a la radiación solar.

La Tierra recibe del Sol una cantidad de energía aproximada de 1,6 millones de kWh al año, de los cuales solo un pequeño porcentaje puede ser aprovechado por el hombre. Aun así, si se aprovechase el máximo posible de la energía solar que recibimos, se aseguraría el abastecimiento de energía que se consume actualmente en el mundo. Además, la energía proveniente del Sol no contamina, es inagotable y está descentralizada, es decir, puede ser consumida en el punto de captación.

La única condición que presenta la energía solar es su variación de intensidad en función de la radiación recibida en el punto de consumo y la sucesión de ciclos anuales y diarios, además de la climatología de la zona.

# 2. Tipos de procesos

Si se quiere aprovechar la energía solar, se requiere el empleo de una serie de equipos y dispositivos capaces de convertir la energía solar mediante diferentes procesos en formas energéticas que satisfagan las necesidades demandadas.

Existen diversas tecnologías para el aprovechamiento de la energía solar, las ventajas y las desventajas de cada tipo dependen del uso que se le vaya a dar en cada caso. Los tipos de procesos de conversión de la energía solar pueden ser:

- **Procesos naturales:** aquellos procesos que llevan a cabo tanto la vida orgánica para su alimentación y crecimiento, como es el caso de las plantas con la fotosíntesis, como la climatología y los ciclos que gracias al Sol generan vida.
- **Procesos térmicos:** el calor que produce la energía solar se puede aprovechar para calentar gases o líquidos, para posteriormente acondicionar

térmicamente una habitación o ser directamente consumida como agua caliente sanitaria.

- **Procesos eléctricos:** gracias al efecto fotoeléctrico se puede transformar directamente la energía solar en energía eléctrica sin la necesidad del empleo de sistemas o procesos intermedios.

- **Procesos eólicos:** la energía solar es uno de los factores responsables de la existencia de viento en las masas atmosféricas de la Tierra. Los dispositivos capaces de generar energía gracias al empleo de aeroturbinas movidas por la energía cinética del viento son sistemas de aprovechamiento solar indirectos.

- **Procesos fotoquímicos:** son procesos que convierten la energía proveniente del Sol en energía química, generalmente para ser almacenados y convertidos posteriormente en electricidad cuando la demanda energética lo requiere.

- **Procesos termodinámicos:** tienen por objeto captar la mayor cantidad posible de energía solar para convertirla en calor, que posteriormente será utilizado en una máquina térmica de ciclo termodinámico para producir trabajo.

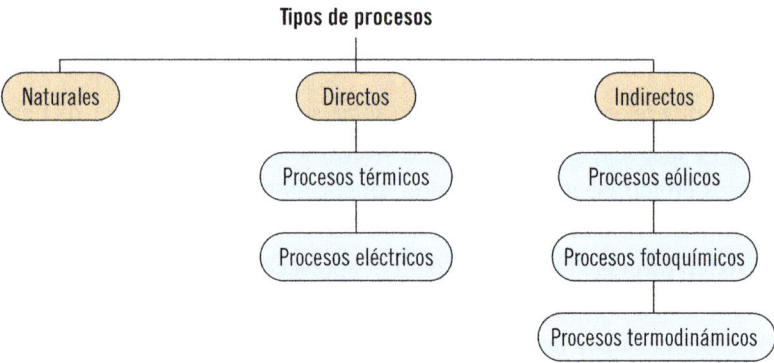

 Definición

**Ciclo termodinámico**
Conjunto de procesos donde la energía inicial pasa por una serie de estados variando magnitudes como la presión, el volumen o la temperatura de un cuerpo o fluido. Los ciclos termodinámicos se emplean fundamentalmente para producir calor y/o trabajo.

## 3. Conceptos básicos

Las grandes presiones que se dan en el interior del Sol provocan reacciones nucleares de fusión de átomos de hidrógeno para formar helio. Las reacciones de fusión generan grandes cantidades de energía que son liberadas al espacio en forma de cuantos de energía o fotones. Estos fotones alcanzan la Tierra interaccionando con su atmósfera y superficie terrestre.

La intensidad de energía solar que se puede captar en un punto determinado de la Tierra depende de la hora, la latitud y el día del año. Además, la orientación del receptor o captador puede hacer que la cantidad de energía solar recogida aumente o disminuya.

*Mediante módulos fotovoltaicos se puede transformar la radiación solar en energía eléctrica.*

Las principales formas de aprovechamiento solar directo por parte del hombre son luz, calor y electricidad.

Mediante espejos se puede canalizar la luz para iluminar el interior de una vivienda. La luz se refleja de un espejo a otro, dirigiendo el haz lumínico a través de un recorrido establecido para finalmente ser reflejado en la estancia deseada.

**Los tubos para canalizar la luz reciben la radiación lumínica del Sol y la reconducen hacia el interior de la vivienda mediante espejos**

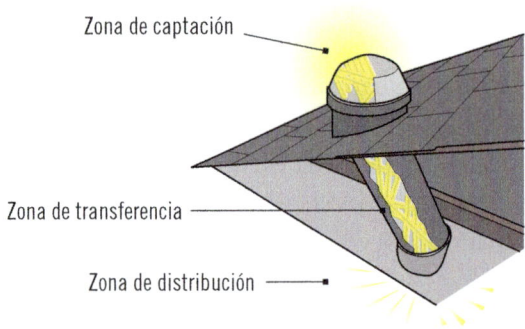

Zona de captación

Zona de transferencia

Zona de distribución

La energía térmica solar o fototérmica aprovecha el calor de la radiación solar para calentar un fluido, que bien puede ser usado para la calefacción de edificios, para calentar agua o generar vapor para mover turbinas y producir electricidad.

*Energía térmica solar para la producción de agua caliente sanitaria en un edificio residencial*

Para producir electricidad mediante el Sol de forma directa se hace uso del efecto fotoeléctrico de algunos materiales que, mediante células fotovoltaicas, reaccionan para generar electricidad.

*Célula fotovoltaica*

 Actividades

1. La población está cada vez más concienciada del uso de energías renovables como fuente de energía. ¿Qué ventajas presenta el uso de fuentes renovables como la energía fotovoltaica o térmica para una vivienda? ¿Existe alguna desventaja?

## 3.1. Procesos naturales

El proceso de conversión de la energía solar de forma natural se produce en el ciclo del agua, en la atmósfera y en las plantas de la Tierra. El viento se produce por la interacción de la energía solar con el agua de mares y océanos y la atmósfera.

El viento se produce por el movimiento de las masas de aire de la atmósfera para compensar las diferencias de presión atmosférica. La radiación solar altera la temperatura del aire produciendo una variación de su densidad que, junto con las distintas presiones atmosféricas debidas a la altitud, facilita la circulación del viento.

En la actualidad, el viento se aprovecha como energía eólica para mover hélices que, unidas a generadores, producen electricidad para uso doméstico e industrial.

Durante el ciclo del agua se produce el movimiento de grandes masas acuíferas que pueden ser aprovechadas por turbinas hidroeléctricas para generar electricidad.

**Ciclo del agua**

El ciclo del agua comienza con la evaporación del agua contenida en océanos, mares, ríos y lagos por la acción del calentamiento solar. Este proceso aprovecha aproximadamente un 20 % de la radiación total que llega a la Tierra, mientras que fenómenos como la fotosíntesis o la energía eólica apenas representan un 1 % del total.

Las plantas son el organismo vivo por excelencia que mejor aprovecha la energía solar como fuente energética. A través de la fotosíntesis, las plantas obtienen la energía necesaria para procesar nutrientes necesarios para su vida y crecimiento.

**Fotosíntesis**

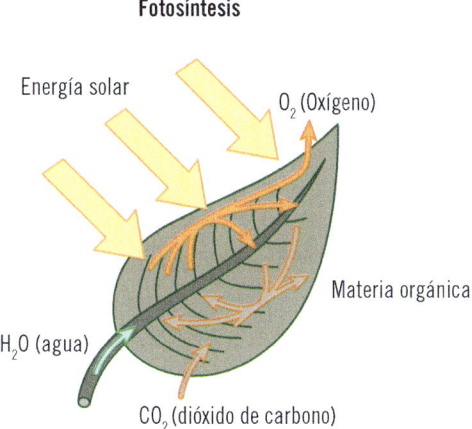

Por otra parte, los océanos, además de intervenir activamente en el ciclo del agua, actúan también como un sistema de recogida natural de energía solar, produciendo columnas de gradientes térmicos que permiten crear un ciclo energético aprovechable por una turbina para generar electricidad. Estos sistemas reciben el nombre de **sistemas de conversión de energía térmica oceánica** o **sistemas maremotérmicos.**

## 3.2. Conversión directa

Los colectores solares permiten el aprovechamiento directo de la energía solar aumentando y concentrando la cantidad de energía recibida. Esta energía puede emplearse para procesos térmicos, fotovoltaicos o fotoeléctricos.

Generalmente, en los procesos térmicos la energía solar se emplea para calentar un fluido (gas o líquido) para su almacenamiento y posterior consumo; es el caso de los colectores solares térmicos obligatorios en las viviendas de nueva construcción para producir agua caliente sanitaria. Por otra parte, los procesos fotovoltaicos transforman de manera directa la energía solar en energía eléctrica sin el empleo de dispositivos intermedios. Es la diferencia fundamental con respecto a los procesos termodinámicos, los cuales emplean dispositivos mecánicos intermedios, tales como máquinas térmicas, turbinas de vapor, etc., para la producción de electricidad.

Los procesos de conversión directa de energía solar, ya sean térmicos o fotovoltaicos, requieren el empleo de colectores solares, que pueden ser de dos tipos: planos y de concentración.

## Colectores planos

Son todos aquellos colectores formados por una superficie plana convenientemente orientada para recibir la mayor cantidad de sol posible.

Todos los equipos fotovoltaicos están montados en colectores planos, donde un grupo de células fotovoltaicas se disponen generando un circuito para la producción de una determinada cantidad de energía eléctrica.

*Colector fotovoltaico*

Los equipos térmicos de placa plana captan la energía solar para transferirle el máximo calor posible a un fluido. El fluido, que puede presentarse en estado sólido o gaseoso, circula a través de una red de tuberías compuestas por un material térmicamente muy conductivo que transfiere con gran facilidad y bajas pérdidas el calor absorbido por el colector o placa.

Los fluidos que se emplean comúnmente en los captadores térmicos son agua, agua con una disolución anticongelante, aceite térmico o aire.

**Colector térmico de placa plana**

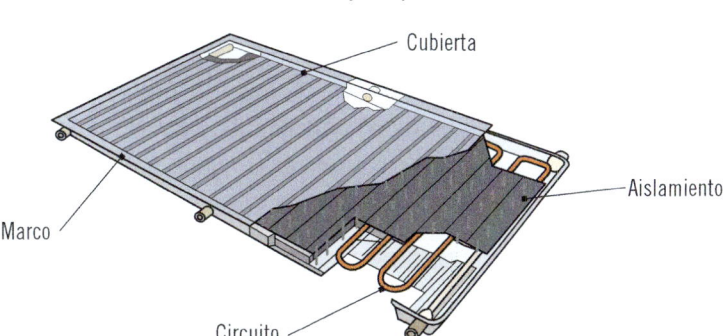

Las partes que conforman un colector plano son:

- **Caja o marco:** es el soporte resistente que trabaja como cobertura para alojar en su interior los distintos componentes que forman el colector.
- **Cubierta:** superficie protectora transparente que irá orientada al Sol. Su misión es doble; por una parte reduce las pérdidas de absorción permitiendo la entrada de la radiación solar pero no su salida, mientras que por otra protege los componentes del interior de una exposición directa a la climatología que produzca daños en los componentes o pérdidas térmicas por convección por contacto directo con el aire.
- **Aislamiento:** los colectores solares térmicos están convenientemente aislados para evitar pérdidas de calor.
- **Circuito:** es el componente principal del colector. En el caso de ser un colector fotovoltaico, el circuito estará formado por las células fotovoltaicas y los conexionados entre ellas. En el caso de los colectores térmicos, el circuito está formado por las tuberías que recorren el colector por el que circula el fluido térmico.

## Colectores de concentración

Cuando se quieren obtener temperaturas muy elevadas en los fluidos con métodos de captación solar, se emplean colectores de concentración.

Los colectores de concentración tienen la misión de concentrar la energía de la zona reflejándola en un punto para aumentar la cantidad de energía recibida. Gracias a esta concentración, la intensidad de la energía solar en dicho punto aumenta, así como la temperatura del fluido, que puede llegar incluso a miles de grados centígrados.

Generalmente, los colectores de concentración incorporan dispositivos seguidores para aumentar el número de horas de funcionamiento y el rendimiento de la instalación ofreciendo siempre una orientación óptima.

*Colector de concentración*

 Definición

**Seguidores solares**
Son dispositivos encargados de orientar el captador solar siguiendo al Sol en su trayectoria por el cielo.

Un caso particular de colectores solares térmicos son los colectores de tubo de vacío, que consisten en una serie de tubos captadores de vidrio que contienen una atmósfera de vacío en su interior que permite reducir las pérdidas por convección que se dan en el caso de los colectores planos.

*Colector de tubo de vacío*

### Actividades

2. ¿Qué diferencia existe entre un proceso térmico y fotovoltaico con respecto a un proceso termodinámico?

## 3.3. Procesos térmicos

Los procesos térmicos de conversión de la energía solar en calor se basan en el calentamiento de un fluido para su uso directo, como es el caso de los captadores térmicos para agua caliente sanitaria, o como un proceso indirecto, como es la generación de electricidad a partir del vapor producido en el colector o intercambiador térmico, o diversos procesos industriales donde se requiere el aporte de calor. Los procesos térmicos requieren diversos dispositivos para la captación y la conversión de la energía, siendo los siguientes:

- **Concentrador:** dispositivo diseñado especialmente para captar la máxima radiación posible para posteriormente concentrarla y aumentar su intensidad.

■ **Receptor:** elemento que recibe la energía proveniente del concentrador y se la transfiere al fluido térmico.

■ **Medio de transporte:** red de conductos que permite derivar el fluido calentado hasta el punto de consumo o hacia otro dispositivo conversor de energía.

■ **Almacenamiento:** en caso de que la energía no se vaya a consumir en el instante, puede almacenarse en una serie de dispositivos que dependerán de la tecnología empleada.

■ **Sistema de conversión:** sistema encargado de transformar la energía térmica en otras fuentes energéticas como electricidad, movimiento mecánico, etc.

La energía termosolar puede emplear diversas metodologías para recoger y concentrar la radiación solar y convertirla en energía calórica de baja, media o alta temperatura, según sea la tecnología empleada. El calor generado puede consumirse directamente para ACS (agua caliente sanitaria) o calefacción, o bien derivarse para otros procesos industriales o energéticos como la producción de vapor, electricidad o movimiento mecánico.

 Ejemplo

Mediante una turbina de vapor y tecnología termosolar se puede producir electricidad, como es el caso de la central termosolar La Africana, situada en Córdoba y con una producción de 50 MW.

 **Actividades**

3. Realizar una investigación de las instalaciones térmicas que existen en su zona. Elegir la más cercana y explicar qué tipo de sistema de captación emplea.

## 3.4. Efecto de concentración

El efecto de concentración consiste en emplear una serie de elementos y dispositivos que permita enfocar y redirigir la energía captada en una zona hacia un punto en común con el objetivo de elevar la intensidad de la radiación recibida.

Los elementos que se emplean para concentrar los rayos solares son espejos convenientemente orientados para focalizar la radiación y lentes que actúan como lupas para conseguir el mismo objetivo.

*Concentración solar*

La concentración solar se puede realizar por medio de varios sistemas, entre los que destacan los sistemas concentradores lineales, los sistemas de torre central, los sistemas de disco parabólico y los canales parabólicos. A continuación se describe cada uno de ellos.

### Sistema concentrador lineal

Los sistemas con concentradores lineales emplean un grupo de espejos reflectores planos orientados hacia un receptor lineal situado a una mayor altura con respecto a los espejos. La ventaja de esta clase de concentradores es la sencillez de los dispositivos empleados y el bajo coste tanto de materiales como de instalación.

Generalmente, el fluido que se emplea en el receptor es agua para transformarla en vapor y ser usada en procesos posteriores.

**Sistema concentrador lineal**

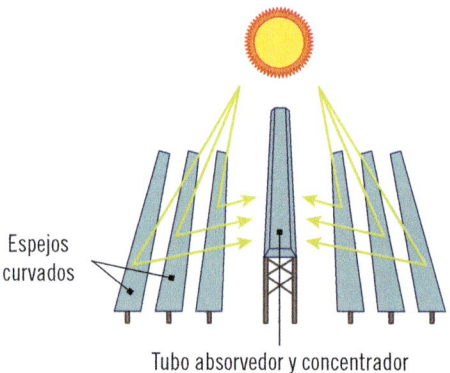

Espejos curvados

Tubo absorvedor y concentrador

### Sistemas de torre central

Los sistemas de torre central se basan en un conjunto de espejos con seguidores solares llamados **heliostatos** que están en todo momento desviando la radiación solar hacia un punto en común sobre una torre.

Un fluido térmico contenido en un recipiente es el encargado de absorber la radiación solar concentrada para transformarse en vapor supercalentado que accione una turbina. Los fluidos principalmente empleados son:

- Aire.
- Agua.
- Sales fundidas.

El agua transformada en vapor, si se encuentra a una temperatura superior a los 1.000 °C, se puede utilizar en turbinas de gas, con lo que se obtienen ciclos térmicos de muy buen rendimiento.

**Sistema de torre central**

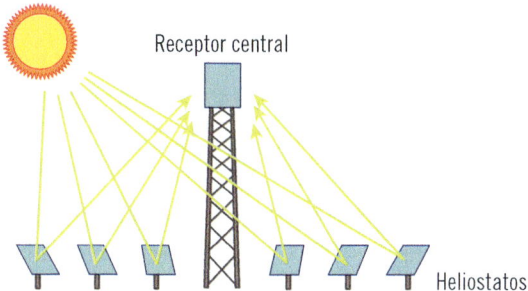

Receptor central

Heliostatos

### Sistemas de disco parabólico

En los sistemas de disco parabólico cada reflector dispone de su propio receptor. El funcionamiento de estos sistemas se basa en la geometría parabó-lica del espejo para concentrar los rayos solares en el punto focal o punto de concentración.

**Sistema concentrador de disco parabólico**

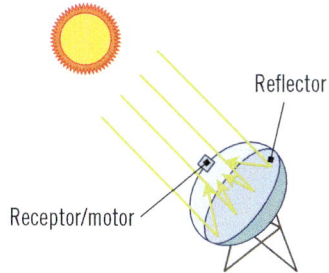

Reflector

Receptor/motor

Los sistemas de disco parabólico permiten alcanzar temperaturas de hasta 750 °C en el punto focal, con lo que si el fluido se trata de agua pasa a ser vapor para utilizarse en ciclos generadores de electricidad.

## Sistemas de canales parabólicos

Los sistemas de canales parabólicos emplean espejos cilindro-parabólicos para concentrar la energía solar en un tubo lineal. Estos sistemas presentan una alta eficiencia ya que el fluido circula por un circuito lineal ubicado en el recorrido de la distancia focal de una parábola que apunta al Sol.

Los canales parabólicos cuentan con un seguimiento solar a un eje que, trazados de norte a sur, permiten una captación solar muy buena desde que el Sol sale hasta que se pone.

El fluido que se emplea generalmente es aceite sintético, el cual llega a alcanzar una temperatura de 400 °C y se emplea para intercambiar su temperatura con el agua para producir vapor supercalentado que al introducirse en una turbina genera electricidad.

Sistema de canales parabólicos

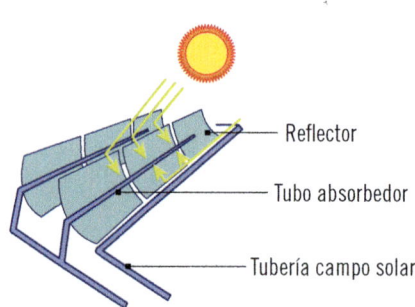

Reflector

Tubo absorbedor

Tubería campo solar

### Aplicación práctica

**Acaba de recibir un comunicado que dice que su empresa ha sido seleccionada para la realización de un proyecto de una central de producción de energía eléctrica a partir de colectores solares térmicos. Se ha decidido que en la fase inicial del proyecto usted sea el encargado de elegir el sistema de colección que se va a emplear. El único requisito que ha de cumplir es que el sistema debe presentar una máxima captación solar durante el día, contemplándose la posibilidad de emplear dispositivos de movimiento. Para no emplear materiales excesivamente caros, la temperatura del fluido se encontrará entre los 380 y 430 ºC.**

### SOLUCIÓN

De los sistemas estudiados, los que mejor se ajustan a los parámetros establecidos son los sistemas de torre central y los de canales parabólicos. De los dos, la mejor opción son los canales parabólicos, ya que por su diseño y el empleo de aceite sintético como fluido térmico mantiene la temperatura dentro del rango establecido.

También se podría contemplar la posibilidad de emplear sistemas de concentración lineal, pero acoplando a los espejos reflectores un dispositivo seguidor para que obtengan la máxima captación solar durante las horas de Sol y limitando la temperatura al rango establecido.

## 3.5. Lentes de Fresnel

Las lentes de Fresnel pueden emplearse como sistemas de concentración de radiación solar. La particularidad de estas lentes reside en su gran apertura, que les permite captar una gran cantidad de radiación y en una distancia focal muy corta que concentra la luz en un punto muy cercano a la lente.

*Lente de Fresnel*

La gran ventaja que presenta una lente de Fresnel es su reducido peso y volumen en comparación con una lente normal. Las lentes de Fresnel se consiguen practicando en la lente cortes o microcortes circulares y concéntricos con el mismo radio de curvatura, que es como superponer varias lentes en un solo diseño, reduciendo el tamaño del material empleado.

### Lente de Fresnel y lente normal

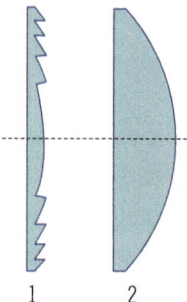

En definitiva, una lente de Fresnel consiste en realizar una serie de cortes de manera que se respete el radio de curvatura original pero se reduzca el espesor de la lente.

El empleo de lentes de Fresnel para la captación solar para tecnología térmica presenta un gran potencial por su buen rendimiento, su bajo coste, su amplitud de captación y por un impacto visual menor que el empleo de espejos. En comparación, esta tecnología permite una mayor captación de radiación solar por superficie que la tecnología de espejos reflejados.

**Captación solar mediante lente Fresnel**

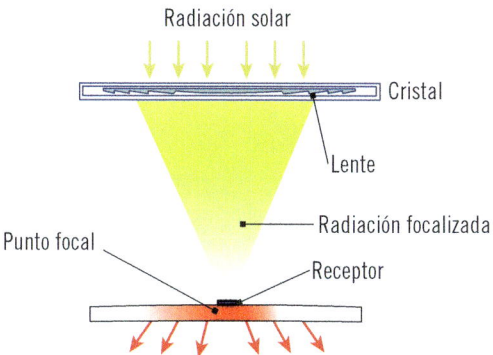

**Actividades**

4. Según lo estudiado, ¿qué ventajas presenta el empleo de lentes de Fresnel en lugar de lentes comunes?

## 3.6. Procesos eléctricos

Los procesos que se producen en la conversión de la energía solar en electricidad de forma directa están relacionados con el efecto fotoeléctrico.

Los procesos eléctricos se producen gracias a la acción de la radiación solar que, al incidir sobre células solares fabricadas con obleas de materiales semiconductores, generalmente silicio cristalino o arseniuro de galio, generan una corriente eléctrica. También se puede producir energía fotovoltaica con polvo de cristal de telururo de cadmio.

Para poder aprovechar la energía eléctrica producida por fenómenos foto-voltaicos es necesario conexionar adecuadamente una agrupación de células formando un módulo.

**Agrupación de células de silicio formando un módulo**

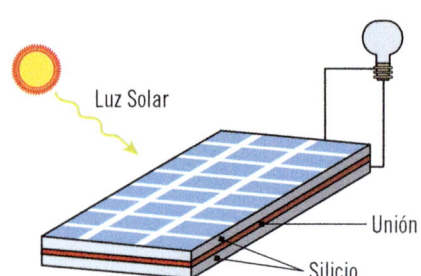

Luz Solar

Unión

Silicio

Los procesos eléctricos producidos a partir de la captación solar se deben a dos fenómenos físicos: el efecto fotoeléctrico externo y el efecto fotovoltaico.

## Efecto fotoeléctrico externo

El efecto fotoeléctrico externo se produce cuando un cierto material recibe radiación solar o cualquier otra de tipo electromagnético. Cuando una célula fotoeléctrica recibe dicha radiación se produce la liberación de electrones que se encuentran en un polo del metal para el ánodo bajo la acción de un campo eléctrico.

**Agrupación de células de silicio formando un módulo**

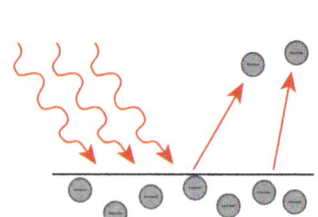

La cantidad de electrones liberados depende de la frecuencia de la radiación y no de su intensidad, es por eso que carece de sentido concentrar la radiación solar para módulos fotovoltaicos.

## Sabía que...

Albert Einstein ganó el Premio Nobel de Física gracias a la teoría del efecto fotoeléctrico. En su explicación, Einstein consideró que la luz se comportaba como un grupo de fotones proyectados contra un metal. En el caso de que un electrón libre del metal fuese golpeado por un fotón, este absorbe la energía del mismo. Sin embargo, si el fotón posee la suficiente energía, el electrón es expulsado del metal. La teoría de Einstein se verificó con experimentos posteriormente.

El efecto fotoeléctrico tiene aplicaciones muy directas, como la transmisión de imágenes de televisión, la producción de aparatos que funcionan con células fotoeléctricas o el automatismo para detectar la presencia de una persona en una puerta automática.

## Recuerde

El efecto fotoeléctrico consiste únicamente en la emisión de electrones que se produce en un material cuando recibe radiación electromagnética.

### Efecto fotovoltaico

El efecto fotovoltaico se produce al incidir radiación solar sobre materiales semiconductores. La radiación solar cargada de electrones aporta un aumento energético al metal de manera que este reacciona con un movimiento de sus electrones, produciendo el salto eléctrico.

La diferencia entre el efecto fotoeléctrico y el fotovoltaico reside en que, aunque en los dos se produce un movimiento de los electrones del material sobre el que incide la radiación solar, en el efecto fotovoltaico ese movimiento de electrones en un semiconductor conlleva la generación de una carga eléctrica que se aprovecha para la producción de electricidad.

Mediante la tecnología fotovoltaica se obtiene electricidad al convertir de forma directa la radiación solar. Para ello, se emplean materiales semiconductores y sensibles a la radiación electromagnética que forman las celdas fotovoltaicas.

Los dispositivos que conforman un sistema fotovoltaico dependerán de cómo se realiza el vertido final de la electricidad (conectada a red, autoconsumo o aislada). Los equipos que se pueden encontrar en una instalación fotovoltaica son:

- **Módulo fotovoltaico:** soporte que contiene un grupo de celdas fotovoltaicas convenientemente conectadas entre sí para producir electricidad a una tensión e intensidad establecidas.
- **Regulador de carga:** este dispositivo cumple funciones de protección y regulación de la energía de los acumuladores, limitando la posibilidad de sobrecargas del sistema o una descarga excesiva del mismo.
- **Acumuladores:** grupo de baterías cuya misión es almacenar la electricidad producida por los módulos para ser consumida en situaciones de baja radiación solar.
- **Inversor:** la energía producida en los módulos fotovoltaicos es de tipo continua, y para ser consumida en una vivienda o vertida a la red es necesario transformarla en electricidad alterna. El inversor es el dispositivo encargado de realizar dicha transformación. Además, el inversor constituye en sí mismo un punto de separación entre la instalación fotovoltaica y la instalación eléctrica de la vivienda.

## Nota

Las instalaciones fotovoltaicas conectadas directamente a la red eléctrica no instalan sistemas acumuladores.

## Actividades

5. ¿Es correcto decir que el efecto fotovoltaico es igual que el efecto fotoeléctrico? ¿Por qué?

## Aplicación práctica

**Un técnico trabaja en el área de diseño de instalaciones fotovoltaicas en la empresa SolarEnergy. Un compañero está diseñando un campo solar fotovoltaico sobre la cubierta de una nave. Como la orientación del tejado es muy mala, ha pensado en colocar lentes de Fresnel que concentren los rayos solares sobre el captador fotovoltaico para aumentar la producción de electricidad. Explíquele por qué se trata de una decisión errónea.**

### SOLUCIÓN

Se trata de una decisión errónea porque las lentes de Fresnel lo que consiguen es concentrar los rayos solares aumentando su intensidad. Sin embargo, las células fotovoltaicas no dependen de la intensidad de radiación para producir una mayor cantidad de electricidad, sino que dependen de la frecuencia de la radiación, mientras que la lente de Fresnel no modifica esa frecuencia. Por tanto, esa solución no es válida.

## 3.7. Conversión indirecta

La conversión indirecta de la energía solar se refiere a todos aquellos procesos naturales que se llevan a cabo gracias a la acción del Sol, pero como resultado de un ciclo natural donde interviene en una de sus fases.

Algunos ejemplos de conversión indirecta de la energía solar son la energía eólica, la energía hidroeléctrica, la generación de biomasa, etc.

Las centrales hidroeléctricas emplean el agua almacenada en pantanos y una diferencia de altura determinada para producir electricidad. Este proceso de conversión de energía solar en electricidad es un proceso indirecto, ya que el Sol solo interviene en el ciclo del agua, evaporando esta para formar nubes que posteriormente descargarán el agua en forma de lluvia que será embalsada.

*Central hidroeléctrica*

## 3.8. Procesos eólicos

El viento es un proceso derivado de la radiación solar incidente en la Tierra. Su utilización como fuente energética comienza desde la antigüedad, cuando se empleaban velas en los barcos para su movimiento.

En la actualidad, el aprovechamiento de los procesos eólicos como fuente energética renovable adquiere cada vez más importancia.

La generación de electricidad mediante energía eólica se basa en colocar una serie de aspas o álabes acoplados a una turbina que, al orientarse perpendicular con respecto al viento, produce el giro del rotor, consiguiendo consecuentemente generar electricidad.

Para aprovechar al máximo esta energía, el viento debe ser lo más constante posible, limitando de esta forma la ubicación de las turbinas, siendo especialmente idóneas aquellas zonas abiertas y sin impedimentos que creen turbulencias y además exista una cantidad de viento estable adecuada.

*Aerogenerador: sistema para la conversión de la energía cinética del viento en energía eléctrica*

 Actividades

6. ¿Qué aplicaciones se han llevado a cabo gracias a la acción del viento en la antigüedad? Exponer algunos ejemplos.

## 3.9. Procesos fotoquímicos

Mediante la radiación solar se puede generar energía química en los procesos conocidos como **fotoquímicos.** Gracias a los procesos fotoquímicos se pueden realizar actividades como la descontaminación y el tratamiento de las aguas de una forma viable y sostenible.

 Definición

**Proceso fotoquímico**
Conjunto de reacciones químicas que se produce debido a la influencia de la radiación solar, o cualquier otra fuente electromagnética.

Los procesos fotoquímicos están basados en la reacción de un fotocatalizador a la incidencia de la radiación solar, donde un fotón aporta la energía necesaria para que un catalizador reaccione.

 Definición

**Catalizar una reacción**
Variar su velocidad de reacción química mediante la acción de otra sustancia. En el caso de los procesos fotoquímicos, los fotones de luz son los que activan la sustancia catalizadora.

Los procesos fotocatalizadores más empleados en la actualidad son la mezcla de hierro y peróxido de hidrógeno para la purificación de aguas contaminadas. El hierro, que se encuentra presente de forma natural en el agua, junto con el peróxido de hidrógeno, reacciona realizando un proceso ecológico de limpieza del agua. Sin embargo, los procesos fotoquímicos resultan muy costosos en comparación con los procesos biológicos empleados en la purificación de aguas contaminantes.

### 3.10. Procesos termodinámicos

La conversión de energía solar mediante procesos termodinámicos es probablemente el proceso más antiguo utilizado por el hombre. Se basa fundamentalmente en exponer a la radiación solar un fluido encapsulado en un colector para aumentar su temperatura. El calor obtenido se emplea para producir trabajo mecánico, eléctrico o térmico.

Los procesos termodinámicos empleados para la conversión y el aprovechamiento de la energía solar se pueden realizar mediante tres sistemas:

- **Sistemas pasivos:** los procesos termodinámicos realizados mediante sistemas pasivos convierten la energía solar captada en energía térmica sin el uso de bombas o ventiladores, sino que la transferencia de calor entre el fluido y el captador se realiza de forma natural.
  Un proceso termodinámico pasivo puede ser una simple ventana de vidrio convenientemente orientada en una vivienda, de forma que en los meses de invierno la radiación solar incidente sobre la ventana provoca un aumento térmico del aire (fluido), contribuyendo a mantener una temperatura adecuada en el interior de la vivienda. En este caso el vidrio de la ventana actúa como captador.
- **Sistemas estacionarios:** se basan en la captación de radiación solar mediante colectores fijos especialmente diseñados de manera que transforman la energía solar en energía térmica, la cual es transferida a un fluido que realiza un trabajo. Es decir, los sistemas estacionarios son máquinas térmicas que emplean el calor producido por la radiación solar como fuente de energía del ciclo termodinámico.
- **Sistemas de seguimiento:** el principio de funcionamiento es similar a los sistemas estacionarios, sin embargo, estos sistemas incorporan dispositivos de seguimiento solar para maximizar la cantidad de radiación solar captada.

*Una ventana correctamente orientada en una vivienda actúa como proceso termodinámico pasivo.*

 **Aplicación práctica**

**La comunidad de vecinos de un edificio residencial le ha pedido que, como técnico de instalaciones térmicas, valore la posibilidad de instalar un sistema de captación térmica en su tejado para la producción de calefacción. Está muy interesada y no le importa el coste del proyecto. El requisito que impone es conseguir una gran captación solar durante los días de invierno. ¿Qué sistema termodinámico recomendaría que instalase?**

**SOLUCIÓN**

Puesto que el requisito es obtener una gran captación solar durante todos los días de invierno, y dado que es en estos meses cuando la producción solar es más limitada, le recomendará la instalación de sistemas de seguimiento, que, aunque presentan un coste mayor, aseguran una máxima captación solar durante el día.

## 3.11. Conversión fotobiológica

Los seres vivos que emplean la radiación solar como medio de interacción para llevar a cabo algunas funciones vitales realizan procesos fotobiológicos de conversión de la energía.

El proceso de conversión de energía solar en seres vivos para su nutrición recibe el nombre de **fotosíntesis.**

## Proceso de fotosíntesis

**Luz**
La energía de la luz del sol es aprovechada en las hojas mediante la clorofila

**Dióxido de Carbono**
El dióxido de carbono del aire es absorbido por las hojas

**Agua**
El agua es tomada por las raíces y transportada hasta las hojas

**Oxígeno**
Se produce oxígeno que es expulsado a la atmósfera

**Hidratos de carbono**
Se producen hidratos de carbono que son repartidos a toda la planta a través de los vasos liberianos

La fotosíntesis se produce en las plantas y las algas mediante dos pasos o etapas: la etapa fotodependiente, que se realiza solo con la presencia de la radiación solar, y la etapa bioquímica, que se produce en ausencia de la luz.

La célula que lleva a cabo el proceso de fotosíntesis es el cloroplasto. Los cloroplastos están formados por dos membranas concéntricas en cuyo interior se alojan las moléculas encargadas de realizar la fotosíntesis.

En la etapa fotodependiente, el cloroplasto es la célula encargada de captar la energía solar, haciéndola interactuar con sus moléculas. Además, la hoja de la planta capta moléculas de dióxido de carbono o $CO_2$. Posteriormente, en la etapa bioquímica, las moléculas de los cloroplastos reaccionan químicamente con los nutrientes, el $CO_2$ y la energía aportada por la radiación solar para producir hidratos de carbono, que son el alimento de la planta. Este proceso tiene como consecuencia la liberación de oxígeno.

El fenómeno de la fotosíntesis hace que, al recibir las plantas la energía del Sol, lleven a cabo complejas reacciones para su nutrición y crecimiento. Las plantas pueden ser usadas como fuente energética renovable conocida como **biomasa.** La biomasa es el uso de materia orgánica (plantas) como combustible para la generación de calor.

La biomasa se obtiene de residuos obtenidos en los procesos de limpieza de bosques, residuos de empresas madereras, cultivos agrícolas, etc. Todo este producto se trata secándolo, moliéndolo y prensándolo para ser usado como combustible.

Las calderas de combustión de biomasa, junto con el combustible convenientemente tratado, aumentan la eficiencia de los procesos de combustión, consiguiéndose rendimientos cercanos al 98 %, con lo que solo un 2 % de la materia orgánica empleada como combustible se desaprovecha en forma de cenizas.

La biomasa constituye una fuente energética inagotable, su correcto tratamiento y su alto rendimiento hace que sea uno de los combustibles más eficientes y menos contaminantes del mercado. Además, España tiene un enorme potencial de aprovechamiento de este recurso, al contrario de lo que ocurre con los combustibles fósiles como el petróleo o el gas natural, que debe ser exportado.

 **Actividades**

7. Buscar información sobre la obtención de energía eléctrica a través de la quema de biomasa.

# 4. Acumulación de la energía

Los sistemas que emplean la radiación solar como fuente de energía trabajan de forma intermitente debido a los periodos que se producen entre el día y la noche como consecuencia del fenómeno de rotación de la Tierra. Debido a ello, es necesario disponer de sistemas de acumulación de energía que permitan almacenar energía solar captada durante el día para ser empleada durante la noche si las necesidades de demanda energética lo requieren.

## 4.1. Conceptos básicos

El almacenamiento de la energía sigue una serie de principios químicos, eléctricos y termodinámicos.

La primera ley de la termodinámica permite almacenar térmicamente la energía solar. Esta ley, conocida como **principio de conservación de la energía,** dice que se puede realizar el intercambio de energía interna entre dos sistemas si se aporta energía en forma de trabajo; o lo que es lo mismo: la energía interna de un sistema (dU) es igual a la suma de la diferencia térmica (dQ) y de trabajo (dW) que se produce en el sistema.

$$dU = dQ + dW$$

Los cambios de energía interna de un sistema se traducen en un cambio de fase del elemento o fluido (por ejemplo, de líquido a vapor), un cambio de temperatura del fluido o una reacción química del sistema.

Lo más importante del intercambio energético entre sistemas es que sean procesos reversibles, de manera que la energía aportada pueda ser nuevamente recuperada para su utilización. Cuantas menos pérdidas presente el proceso, más eficiente será el sistema de acumulación de energía.

## 4.2. Acumulación como energía eléctrica

El almacenamiento de la energía eléctrica no resulta sencillo ni barato, no obstante, existen varios métodos para lograrlo.

La energía eléctrica se puede almacenar en pilas y baterías de forma química. Estos sistemas consisten en la utilización de dos electrodos que intercambian cargas eléctricas positivas y negativas a través de un electrolito. Al conectar los electrodos mediante un conductor se produce una corriente eléctrica. Los electrodos más comunes son el níquel y el hierro.

 Definición

**Electrolito**
Elemento en estado líquido o disolución que se descompone por el paso de una corriente eléctrica.

Las baterías producen electricidad mientras se descargan y son cargadas al alimentarse de electricidad.

*Batería química*

Otra manera de almacenar energía eléctrica es el almacenamiento de agua en embalses a distintas alturas. En las horas de producción eléctrica, la energía que no se consume se bombea a un depósito o embalse situado a cierta altura para que en momentos de demanda energética se aproveche el potencial del salto de agua para generar electricidad mediante una turbina.

**Generación de electricidad mediante agua embalsada. Debido a la diferencia de altura, el agua del embalse superior circula por la tubería hasta una turbina que mediante su giro y acoplada, a un generador, produce electricidad**

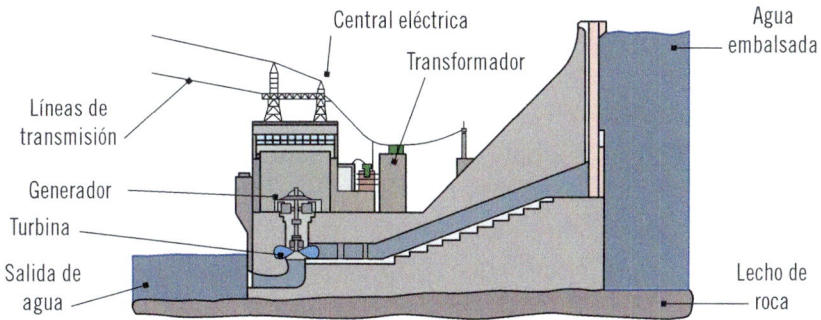

Por otra parte, se está investigando y desarrollando la tecnología de la pila de combustible para el almacenamiento de la energía eléctrica de forma eficiente. Esta tecnología basa su funcionamiento en la descomposición del agua en hidrógeno y oxígeno mediante una corriente eléctrica. Posteriormente, la pila de combustible combina el oxígeno con el hidrógeno para devolver la electricidad aportada, obteniendo como resultado agua.

## Actividades

8. Realizar un breve resumen de los sistemas de acumulación de electricidad estudiados.

## 4.3. Acumulación como energía térmica

Los sistemas de acumulación de energía térmica se basan en el almacenamiento de calor procedente de la radiación solar, y para ello hacen uso del mecanismo de transferencia térmica a través del cual se suministra y extrae energía de un fluido o elemento.

El desarrollo de sistemas de acumulación de calor es fundamental para el funcionamiento de los procesos industriales que tienen como fuente energética la radiación solar. Para la acumulación de energía térmica se pueden emplear varios sistemas como la acumulación de calor en un depósito que contiene un fluido, el empleo de sales fundidas o el uso de los cambios de estado de un elemento.

El sistema más sencillo se basa en calentar un fluido por la acción de la radiación solar y contenerlo en un depósito construido de un material que se comporte como aislante térmico que impida la fuga de calor.

*Depósito térmico*

Cuando un elemento como puede ser el agua cambia de fase, por ejemplo, de estado líquido a gaseoso (el cual tiene lugar a la temperatura de 100 ºC en condiciones normales), es necesaria la aplicación de una determinada cantidad de energía extra para producir su cambio de fase; es decir, modificar el estado del agua líquida a 100 °C para pasarla a agua en forma de vapor a la misma temperatura requiere la aportación extra de energía. Esta aportación extra de energía recibe el nombre de **calor latente** y puede ser aprovechada para almacenar cierta cantidad de energía térmica, ya que es un proceso reversible.

Gráfica que recoge los cambios de estado de una sustancia. En la gráfica se observa que, a medida que se aumenta el calor aportado a una sustancia, su temperatura aumenta gradualmente hasta llegar a la temperatura de fusión, donde, aunque se siga aportando cada vez más calor, la temperatura permanece constante (esto se observa en la temperatura de fusión y de ebullición del elemento)

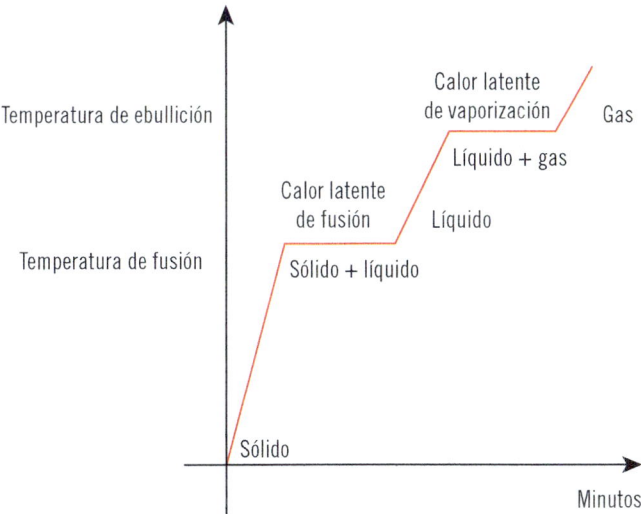

Recientemente se está estudiando el empleo de sales fundidas para el almacenamiento térmico de energía. El proceso consiste en calentar las sales que se encuentran en estado sólido mediante la radiación electromagnética solar para fundirlas, de manera que cuando llega la noche se produce un enfriamiento progresivo de estas transfiriendo nuevamente la energía anteriormente aportada.

## 4.4. La problemática del almacenamiento

Como se ha visto anteriormente, existen diversas tecnologías que permiten aprovechar la energía solar tanto por métodos directos como indirectos para cubrir las necesidades energéticas de la sociedad. Sin embargo, la energía que se produce presenta la problemática de que debe ser consumida en el mismo momento de producción, lo que implica pérdidas de eficiencia y un aumento excesivo de los costes. La solución consiste en conseguir almacenar la energía de forma segura y económica para su uso posterior.

El empleo de sistemas de almacenamiento químico (baterías) presenta la ventaja de permitir la acumulación de energía durante periodos largos, llegándose a recuperar casi la totalidad de la energía acumulada, con pérdidas de rendimiento muy bajas. Como inconveniente, los sistemas químicos son caros, además de la complejidad de conversión y acumulación de la energía, ya que requiere diversos ciclos complejos y el empleo de sustancias y elementos costosos.

Otro problema es el uso energético de la radiación solar mediante procesos indirectos, como son los sistemas eólicos o hidráulicos, que, aunque en principio presentan un gran potencial, su generación está restringida a aquellas zonas propicias para el aprovechamiento, estando en muchas ocasiones a grandes distancia del punto de consumo.

Por otra parte, el almacenamiento de energía en forma de calor presenta el inconveniente de la acumulación de energía en un depósito térmico, lo cual solo es válido durante un corto periodo de tiempo debido a las enormes pérdidas. Aunque cada vez más se estudian nuevas propiedades y comportamientos de los materiales como aislantes térmicos, el empleo de estos para acumular energía en forma de calor es un proceso que conlleva muchas pérdidas conforme aumenta el tiempo de acumulación.

Asimismo, destaca la complejidad de emplear sales fundidas como sistema de almacenamiento térmico. Las sales térmicas presentan un buen comportamiento como sistema de intercambio térmico, sin embargo, requieren el empleo de sistemas complejos y costosos debido a que se trata de un elemento sólido y su circulación a través de tuberías o depósitos aislados es dificultosa. Además, las sales facilitan el fenómeno de la corrosión de los materiales metálicos más comunes en la industria.

## Actividades

9. Realizar un pequeño estudio a través de Internet de los procesos de investigación que se están llevando a cabo para eliminar los problemas que presenta la acumulación de energía solar.

## Aplicación práctica

**Va a realizar el diseño de una instalación de agua caliente sanitaria y calefacción para un edificio residencial. El sistema se alimentará de un mismo sistema captador y está contemplando cuál será la opción más económica y viable para acumular la energía producida y utilizarla en aquellos casos en los que la demanda supere la producción. Antes de proceder a la elección del sistema, identifique los condicionantes del proyecto, los cuales aparecen a continuación:**

- **Empleo de un único fluido para ambos sistemas.**
- **Periodo de acumulación corto, no siendo superior a 2 días.**
- **Evitar el empleo de sistemas complejos y costosos.**

### SOLUCIÓN

Según los condicionantes expuestos, el mejor sistema de almacenamiento de energía sería un sistema térmico basado en la acumulación de agua en un depósito aislado térmicamente, puesto que se trata de un sistema sencillo, económico y puede emplear como fluido térmico común el agua, que además es almacenada directamente sin la necesidad de emplear dispositivos intermedios que encarezcan la instalación.

## 5. Sistemas energéticos integrados

Los sistemas energéticos integrados consisten en hacer uso de todos los sistemas, tanto de almacenamiento como de aprovechamiento de energía solar, para satisfacer de forma conjunta unas necesidades energéticas de una forma mucho más eficiente que el empleo de una única tecnología.

Los edificios residenciales presentan una enorme posibilidad de integrar y gestionar sistemas energéticos de forma que, mediante sistemas colectores de radiación solar y un diseño eficiente de la construcción, además del empleo de buenos materiales aislantes, se consiga reducir el consumo energético del edificio y su dependencia de otros sistemas energéticos de producción centralizada. El objetivo de los sistemas energéticos integrados en el caso de edificios residenciales es aumentar la eficiencia y promover el autoconsumo energético.

*Tejado de un edificio que integra la energía fotovoltaica con la construcción y además permite la iluminación natural del interior*

En el caso de los sistemas de generación energéticos integrados para procesos industriales, se busca la agrupación de varias tecnologías eficientes que estén interrelacionadas de manera que se obtenga el máximo aprovechamiento de los recursos energéticos existentes en función de la condición climática que se produzca, adaptándose fácilmente a los cambios.

### Ejemplo

Un sistema de generación de electricidad con sistemas energéticos integrados sería la instalación de un campo solar térmico de generación de electricidad y acumulación de energía mediante sales apoyado en un campo eólico de generación eléctrica. De esta manera se asegura generar electricidad aun cuando las condiciones climáticas sean adversas, por ejemplo un día nublado.

### Actividades

10. Buscar un ejemplo de sistema integrado energético que conozca y explicar qué procesos intervienen en él.

## 6. Resumen

La conversión de energía solar se puede realizar de varias maneras, comprendiendo procesos directos e indirectos, así como naturales.

Conocer perfectamente cómo se produce la conversión de la energía por medio de los diferentes sistemas existentes permitirá elegir de manera eficiente y óptima el proceso mejor adaptado para el caso de estudio que se contemple.

Los procesos térmicos tienen que ver con la transformación de la luz solar en energía calórica, mientras que los procesos fotovoltaicos emplean la luz solar para la generación de electricidad gracias al efecto fotoeléctrico que se produce en el interior de un material semiconductor irradiado con fotones.

Los procesos indirectos de conversión de la energía solar, como la energía eólica, hidroeléctrica, termodinámica o termoquímica, se pueden combinar con ciertos procesos directos de manera que se extraiga el máximo potencial de cada uno aprovechando sus puntos fuertes. Esta combinación se engloba dentro de los sistemas energéticos integrados.

La acumulación de calor en algunos procesos industriales resulta fundamental en aquellos sistemas que tienen como fuente energética la radiación solar; por ello se debe realizar un correcto diseño de los sistemas de acumulación.

Los sistemas energéticos integrados permiten al usuario tanto el almacenamiento de la energía solar como su aprovechamiento de forma conjunta, combinando el sistema con varias tecnologías para aumentar su eficiencia.

Ejercicios de repaso y autoevaluación

1. Complete el siguiente esquema.

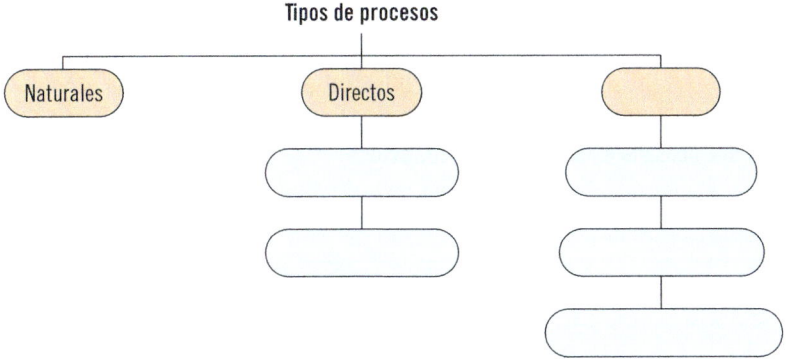

2. Los procesos fotoquímicos son procesos de conversión...

    a. ... directos.
    b. ... indirectos.
    c. ... biológicos.
    d. ... andrógenos.

3. ¿Qué porcentaje de aprovechamiento de la radiación solar realiza el ciclo del agua?

    a. 20 %.
    b. 50 %.
    c. 15 %.
    d. 1 %.

4. ¿Cuáles son las partes que conforman un colector plano? Defínalas.

_____
_____
_____
_____
_____
_____
_____

5. ¿En qué consiste el efecto de concentración?

_____
_____
_____
_____

6. ¿Qué nombre recibe el siguiente sistema de concentración solar? Comente sus aspectos más importantes.

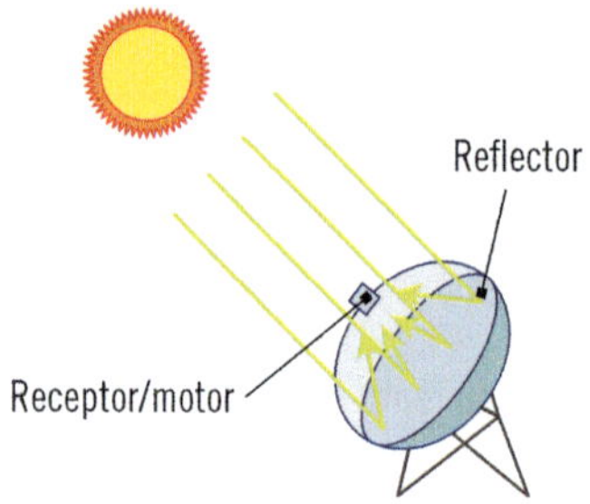

Reflector

Receptor/motor

_____
_____
_____
_____

7. ¿Cómo se consigue una lente de Fresnel?

_____
_____
_____
_____

8. ¿Qué diferencia existe entre el efecto fotoeléctrico y el efecto fotovoltaico?

_____
_____
_____
_____

9. ¿Es correcta la siguiente definición? Corríjala en caso contrario

Los procesos fotobiológicos se basan en generar energía bioquímica a partir de radiación solar. En los últimos años, los procesos fotobiológicos están siendo estudiados como una alternativa viable y sostenible para el tratamiento de aguas contaminadas.

_____
_____
_____
_____

10. Nombre los tres sistemas que se engloban dentro de los procesos termodinámicos.

_____
_____

11. Explique en qué consiste la etapa fotodependiente dentro del proceso de la fotosíntesis de una planta.

_____
_____
_____
_____

12. Escriba la ecuación de la ley de conservación de la energía. ¿Qué significa cada término?

_____

_____

13. La energía que se almacena en el interior de pilas y baterías está dentro de la categoría...

    a. ... acumulación natural de la energía.
    b. ... acumulación termodinámica de la electricidad.
    c. ... acumulación térmica de la electricidad.
    d. ... acumulación de energía eléctrica mediante sistemas químicos.

14. ¿Mediante qué tres sistemas se puede almacenar la energía térmica?

_____

_____

15. ¿En qué consiste un sistema energético integrado?

_____

_____

_____

_____

Capítulo 3

# Potencial solar de una zona

# Contenido

# 1. Introducción

Por el privilegiado posicionamiento geográfico y su excepcional climatología, España es el país con el potencial solar más elevado de Europa. En la determinación del potencial solar, la cartografía juega un papel importante a la hora de realizar mapas solares de las regiones que faciliten los cálculos previos de radiación.

Para determinar el potencial solar de una zona se debe medir adecuadamente la radiación solar tanto directa como difusa y establecer unas unidades de medidas correctas.

Las medidas de radiación efectuadas se recogen en tablas y atlas solares, de manera que se puede consultar la cantidad de energía solar que ofrece una determinada zona para cada día del año.

Los dispositivos encargados de efectuar las medidas climáticas y de radiación disponen de sensores que permiten registrar parámetros como la temperatura del ambiente, la velocidad del viento, etc.

Los módulos solares son los encargados de recibir la radiación solar, por lo que es imprescindible conocer su funcionamiento, así como los elementos que los constituyen.

# 2. Potencial solar de una zona

El empleo del Sol como fuente de energía cobra cada vez más importancia en la sociedad actual, ya que la energía solar presenta un gran potencial para ser empleado en numerosas aplicaciones, además de que cuenta con la ventaja de ser un recurso inagotable y gratuito.

La cantidad de energía solar que recibe una zona se denomina **potencial solar;** sin embargo, las pérdidas que se producen por las sombras, los reflejos, la suciedad en los captadores, etc., merman la potencia aprovechable.

El objetivo de determinar el potencial solar de una zona es identificar la zona óptima para la ubicación de una instalación solar. Puede ocurrir que, en dos instalaciones similares situadas en regiones donde existe una gran cantidad de radiación solar, el potencial solar aprovechable sea distinto. El potencial solar de una zona lo determinan tanto la intensidad de la radiación que alcanza la superficie terrestre de la zona como la cantidad de horas que se recibe.

*La suciedad sobre los módulos fotovoltaicos producen pérdidas que reducen la eficiencia en la captación y el aprovechamiento solar.*

 **Actividades**

1. Identificar en su ciudad varias instalaciones solares. ¿La región en la que vive permite un buen aprovechamiento del potencial solar? ¿Los habitantes de su ciudad están concienciados de la importancia de las energía renovables y en concreto aquellas provenientes del Sol?

## 2.1. Definiciones

Para la determinación del potencial solar es necesario conocer el funcionamiento de las proyecciones cartográficas y todos los tipos que existen, además de ciertos conceptos específicos. Algunas definiciones que deben conocerse son:

- **Cartografía:** es la ciencia que trata sobre el estudio y la realización de mapas. Mediante la cartografía se analizan y elaboran modelos y mapas de representación de la Tierra o parte de ella.

- **Mapa:** es una representación gráfica de las posiciones relativas de los objetos situados en la superficie terrestre o cualquier otra. Un mapa se define como la representación métrica y gráfica de una parte del terreno que muestra la ubicación y las distancias relativas de los objetos contenidos en él.

- **Radiación solar:** es el conjunto de todas las ondas electromagnéticas que proceden del Sol.

- **Irradiancia:** es el parámetro que indica la cantidad de energía solar que alcanza la superficie terrestre (I).

- **Irradiación:** es la potencia solar recibida en una superficie; o, dicho de otro modo, la cantidad de energía recibida del Sol en una superficie por unidad de tiempo (H).

- **Hora solar pico:** para comparar con facilidad el potencial solar que muestra una zona con respecto a otra, se emplea el término **hora solar pico.** La hora solar pico muestra la cantidad de horas que una zona recibe una irradiación equivalente a 1.000 W/m$^2$ al día.

La línea azul de la gráfica recoge los niveles de irradiación solar recibidos en una zona. El área encerrada dentro de esa curva equivale a las horas solares pico

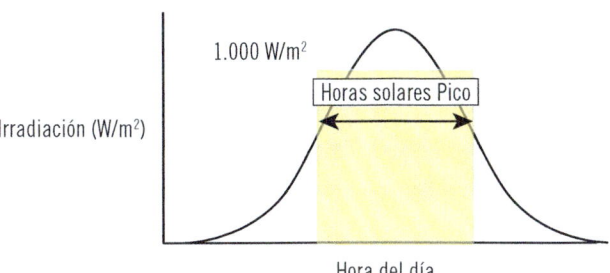

## 2.2. Proyecciones cartográficas

La proyección cartográfica consiste en representar una superficie de la Tierra con geometría esférica o de revolución sobre una superficie plana. Al representar el globo terrestre o parte de él sobre un plano, se producen deformaciones debidas a la diferencia angular entre la geometría curva y la superficie plana. Las proyecciones cartográficas tratan de solucionar dicho problema, ya que se producen deformaciones de tipo angular, superficial y lineal.

## Definición

### Superficie de revolución

Se corresponde con la geometría formada por el giro de una línea alrededor de un eje para generar una superficie curva. Todas aquellas figuras que forman su geometría, teniendo como referencia el giro de su eje, son elementos de revolución, como por ejemplo el cono o el cilindro.

Las proyecciones cartográficas se pueden dibujar en un plano mediante la representación de la geometría añadiendo una deformación controlada o extrapolando las coordenadas de un sistema geodésico a un plano.

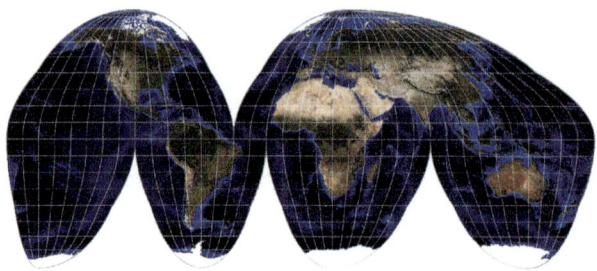

*Proyección cartográfica*

## Tipos de proyecciones cartográficas

En función de las propiedades, las cualidades o los fundamentos, se pueden distinguir varios tipos de proyecciones cartográficas.

La elección de la proyección según un método u otro dependerá de la superficie de estudio y las distorsiones que se quieran asumir. Cuando se vaya a realizar un análisis basado en una representación de la Tierra, debe elegirse adecuadamente la proyección que se va a emplear:

- Representación en función de las cualidades métricas.
- Representación en función de las cualidades proyectivas.
- Representación del globo terráqueo modificado.

### *Representación en función de las cualidades métricas*

En la representación de una esfera en un plano resulta imposible proyectar la geometría y las dimensiones sin que se produzcan distorsiones en los ángulos, las distancias y las superficies. Atendiendo a las cualidades métricas se pueden distinguir cuatro tipos de proyecciones:

#### Proyecciones conformes

En las proyecciones conformes se mantienen invariables los ángulos que conforman las geometrías. Son proyecciones muy empleadas en las cartas de navegación.

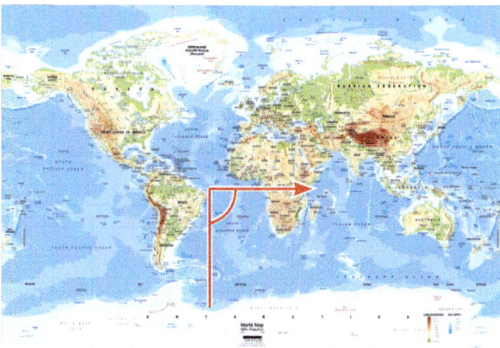

### Proyecciones equidistantes

En las proyecciones equidistantes se mantienen invariables las distancias geométricas de la superficie terrestre.

 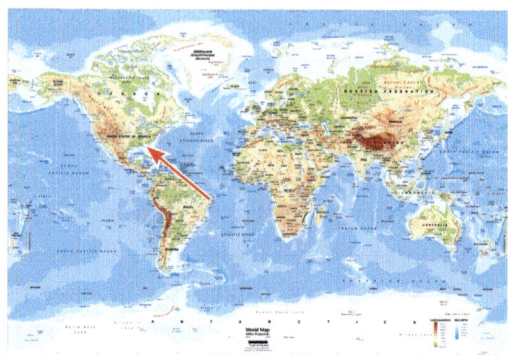

### Proyecciones equivalentes

Las proyecciones equivalentes mantienen invariables las superficies, con lo que se producen variaciones geométricas.

 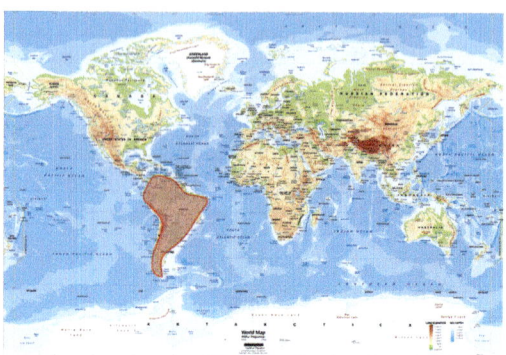

Proyecciones afilácticas

Las proyecciones afilácticas no representan exactamente ni los ángulos, ni las distancias, ni las superficies, sin embargo, se busca un compromiso de variación entre todas ellas para reducir al mínimo posible las deformaciones.

### Representación en función de las cualidades proyectivas

La esfera terrestre se puede representar con la proyección directa del plano o con el empleo de figuras geométricas como conos o cilindros. En función de la proyección se tienen las siguientes representaciones:

Planas

La proyección plana se obtiene fijando un punto de proyección y representando las geometrías en un plano tangente a la superficie de proyección. La distorsión geométrica aumenta conforme se aleja la representación del punto. Un punto de referencia muy común son los polos, con lo que se obtiene la proyección polar.

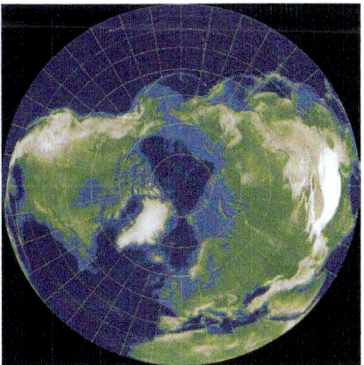

*Proyección polar*

Proyección en desarrollos

Consiste en representar la Tierra en un cono o cilindro para obtener su desarrollo plano. Tanto el cono como el cilindro emplean la línea que une los polos terrestres como eje. Con el desarrollo del cono se obtienen rectas concurrentes que presentan igualdad en sus ángulos. En el caso de los cilindros, se obtiene la representación de los meridianos mediante restas equidistantes.

**Proyección cartográfica en desarrollos**

**Proyección cónica**

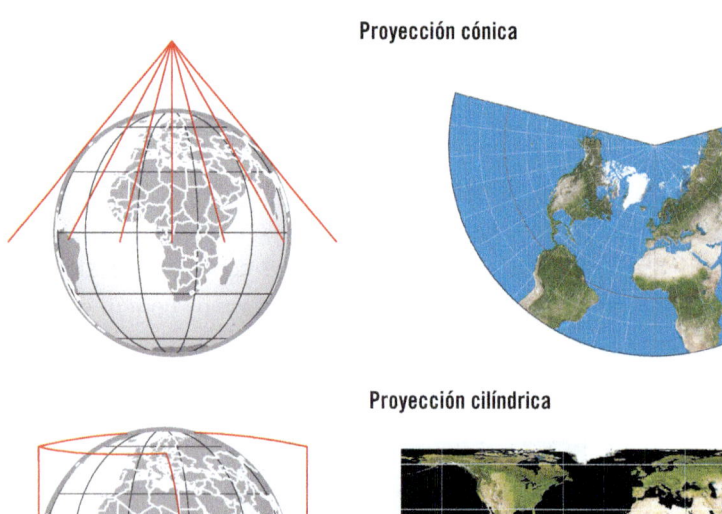

**Proyección cilíndrica**

## Representación del globo terráqueo modificado

La representación modificada se emplea para mostrar la superficie total de la Tierra con unas deformaciones mínimas. Las representaciones modificadas más habituales son:

- **Proyección sinusoidal:** se emplea en mapas donde se quiere guardar la relación entre las latitudes.
- **Proyección Goode:** representa el área real a escala.
- **Proyección Mollweide:** es una proyección muy empleada cuando el interés de la representación se centra en la franja del ecuador.

**Representaciones modificadas**

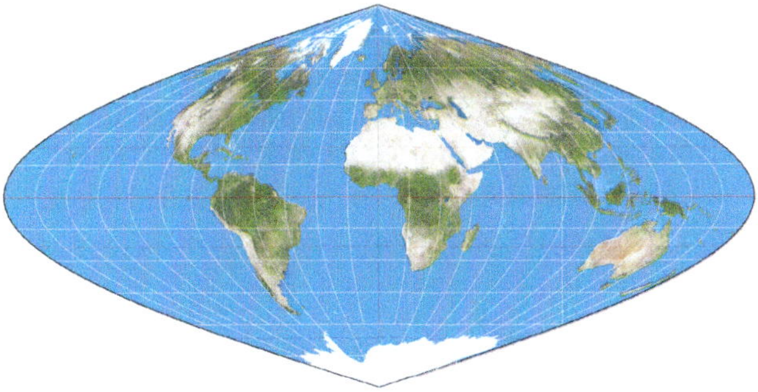

Sinusoidal

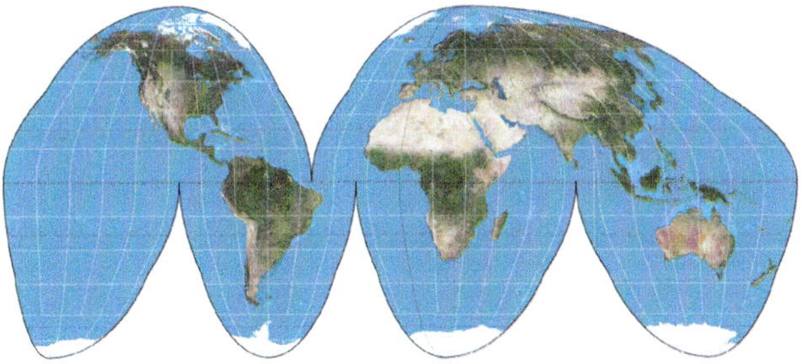

Goode

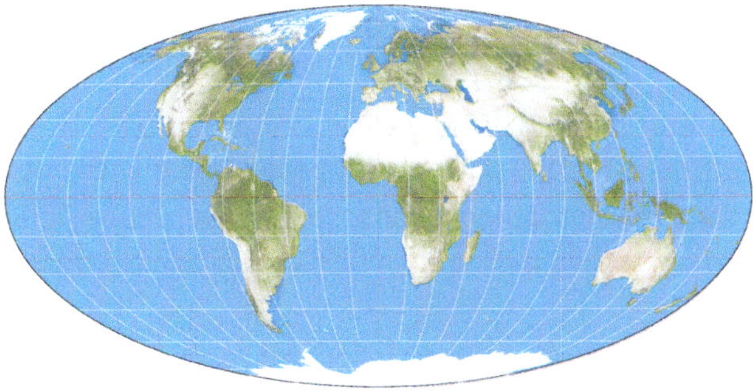

Mollweide

## Aplicación práctica

FotoSolar es la empresa donde trabaja como técnico de diseño de instalaciones renovables. La empresa ha decidido realizar una central fotovoltaica para la generación de electricidad y su vertido en la red. Las dimensiones de la instalación abarcarán grandes áreas, con lo que será necesaria la agrupación de varias parcelas de distintos propietarios. La ubicación de la instalación aún no está definida y dependerá de la cantidad de módulos que pueda albergar cada propuesta. Va a proceder a la medición de las parcelas de forma preliminar mediante un mapa. Explique qué tipo de proyección cartográfica debe tener el mapa para que los valores sean reales. Y si quisiera saber los metros de vallado metálico que va a necesitar en cada parcela, ¿qué tipo de proyección cartográfica debería presentar el mapa para que los valores fueran reales?

### SOLUCIÓN

En el primer caso es necesario medir de forma exacta la superficie de las parcelas, por lo que las mediciones se deben realizar en planos donde la proyección cartográfica sea equivalente de la zona, ya que en esta clase de proyecciones las superficies permanecen invariables.

En cambio, para el segundo caso, la proyección equivalente no sería adecuada, ya que produce distorsiones en la geometría de la parcela. En su lugar, se debe optar por mapas con proyecciones equidistantes.

## 2.3. Aplicaciones de las proyecciones cartográficas y la energía solar

Gracias a las proyecciones cartográficas se pueden representar con exactitud mapas geográficos, a los que además se pueden trazar líneas de radiación solar en función de los niveles de radiación recogidos en la superficie terrestre.

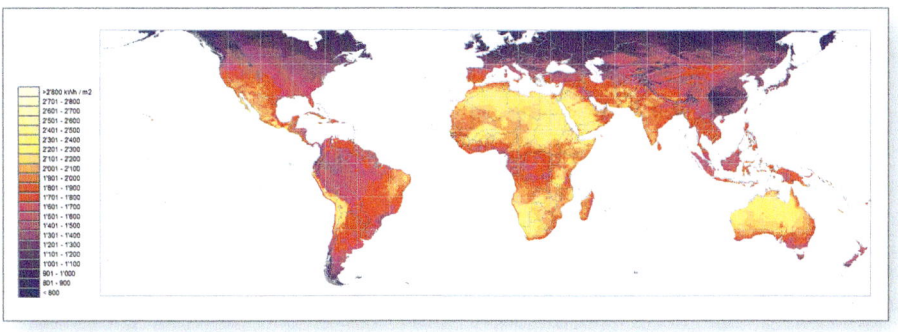

*Ejemplo de representación del índice de radiación. Los colores fríos (azul o verde) muestran zonas con radiación solar muy baja a lo largo del año, mientras que los colores amarillos y rojos indican las zonas donde la radiación solar es elevada a lo largo del año.*

Puede resultar muy interesante proyectar los mapas solares en una u otra proyección cartográfica en función de los parámetros de estudio deseados; por ejemplo, la cantidad de radiación por superficie verdadera (que muestra la radiación en un mapa de proyección equivalente).

Representar la radiación solar en un mapa presenta la ventaja de reducir los tiempos de estudio previos de las instalaciones solares, facilitando la labor al técnico encargado de estudiar la viabilidad de los proyectos.

 Actividades

2. Según el mapa anterior, ¿cuáles son los países más adecuados para la realización de instalaciones solares? Explicar por qué.

## 2.4. Unidades de medida

Para conocer la cantidad de radiación solar que ofrece una zona y determinar correctamente su potencial, son necesarias las unidades de medida que se emplean en la determinación de dichos parámetros.

En el estudio de la potencia solar, las unidades de medida empleadas son $W/m^2$ (vatios por metro cuadrado), que se corresponde con la irradiancia (I) y permite medir la cantidad de energía solar incidente sobre una superficie por unidad de tiempo; o lo que es lo mismo, la potencia solar aportada.

En cambio, con la irradiación (H) se puede medir la energía solar que recibe por unidad de superficie. Las unidades de medida de la irradiación son $J/m^2$ o $Wh/m^2$ (Julios o vatios por metro cuadrado).

## 2.5. Radiación solar directa

La radiación solar directa es aquella que procede directamente del Sol sin presentar ningún tipo de modificación a lo largo de su trayectoria desde el Sol hacia la superficie terrestre.

La radiación solar directa se caracteriza por tener una sola dirección de incidencia, aunque puede verse mínimamente alterada en su paso por la atmósfera debido a los fenómenos de reflexión (reflejo de la luz). Por otra parte, gracias al fenómeno de la reflexión de la luz, es posible redireccionar la radiación solar directa mediante espejos, heliostatos, etc., para concentrarla en un punto o zona de captación.

La cantidad de radiación solar directa que alcanza la superficie terrestre sin ser desviada o reflejada depende de la altura solar (altura del Sol con respecto al horizonte) y la presencia de nubes y contenidos en suspensión de la atmósfera, además de estar en función de la constante solar.

## 2.6. Medida de la radiación solar

Para medir la radiación solar directa se emplea el pirheliómetro, cuyo sensor debe estar orientado hacia el Sol. Es muy importante que el pirheliómetro disponga de un sistema de seguimiento que mantenga el sensor de radiación constantemente orientado durante todo el desplazamiento solar y el día. Estos dispositivos reciben el nombre de **seguidores solares.**

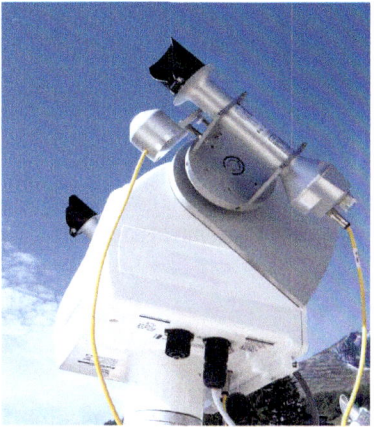

*Pirheliómetro*

La medición de la radiación solar directa requiere que el pirheliómetro se mantenga enfocado perpendicularmente al Sol en todo su recorrido diario, por lo que el seguidor solar debe ser preciso en su desplazamiento.

 **Actividades**

3. Consultar en la web de algún fabricante de instrumentos para la medición de radiación solar las características que debe reunir el emplazamiento de un dispositivo seguidor solar.

## Radiación global y difusa

La radiación difusa se produce por los fenómenos de reflexiones y refracciones que sufre parte de la radiación solar cuando atraviesa la atmósfera terrestre. La radiación difusa presenta diversas direcciones y, al contrario que la radiación directa, no puede ser redireccionada.

 **Definición**

**Refracción**
Alteración que sufre la luz en cuanto a su ángulo de incidencia, dirección y velocidad cuando cambia de medio de propagación (atmósfera, agua, etc.).

El albedo, que es la radiación que reflejan las superficies que no son reflexivas, como el reflejo producido en el suelo, también forma parte de la radiación difusa.

Los factores que influyen en la existencia de una mayor o menor cantidad de radiación difusa son:

- **Número de partículas de la atmósfera en suspensión:** un número muy elevado de partículas en la atmósfera provoca la dispersión de gran parte de la radiación solar directa.
- **Masas de nubes:** las nubes reflejan la radiación solar.
- **Posición del Sol:** cuanto mayor es el recorrido que tiene que realizar la radiación solar a través de la atmósfera, más pérdidas se producen y consecuentemente aumenta el nivel de radiación difusa en detrimento de la directa.

La radiación global es la suma del conjunto de todas las radiaciones solares que alcanzan la superficie terrestre; es decir, la radiación global es la suma de la radiación solar directa y difusa que incide sobre una superficie.

> Radiación global = R. Directa + R. Difusa

## 2.7. Medida de la radiación global

La radiación global es la suma de todas las radiaciones solares que inciden sobre una superficie y se mide en un ángulo de 180° sobre una superficie horizontalmente dispuesta.

La radiación solar se puede medir mediante varios dispositivos, pero el más comúnmente empleado es el piranómetro. El piranómetro es un aparato que mide la radiación global gracias a dos sensores de temperatura, uno de los sensores está orientado de forma que recibe únicamente la radiación directa, mientras que el otro está convenientemente protegido de la radiación directa y solo absorbe las radiaciones difusa y reflejada.

*Piranómetro*

El actinógrafo es un equipo que, al igual que el piranómetro, también es capaz de realizar la medición de la radiación global. Dispone de un sensor de tipo termomecánico que registra la temperatura en una placa metálica de dos superficies, una pintada de color negro en un extremo para absorber la radiación solar y blanca en el otro para reflejarla. La diferencia de temperatura de la placa produce la curvatura de esta y, en función de su grado de curvatura, se obtiene el nivel de radiación global medido.

## 2.8. Medida de la radiación difusa

La medida de la radiación difusa se realiza con un piranómetro adaptado con dispositivos que provocan el sombreado de la radiación directa sobre el sensor de lectura. Para ello, el sistema de sombreado se puede acoplar a sistemas de seguimiento solar que produzcan la sombra del sensor en todo momento.

*Piranómetro con sistema de sombreado para la medición de la radiación difusa*

La medida de la radiación solar se realiza anotando los resultados de las lecturas de radiación que ofrece cada aparato. Una vez se obtienen los valores de radiación global, directa y difusa, los datos deben registrarse en tablas y mapas de radiación solar (más adelante se aprenderá cómo se utilizan).

 Nota

Es muy importante elegir correctamente la zona en la que se van a colocar los aparatos de medida de radiación, ya que obstáculos, sombras, reflejos, etc., pueden provocar la alteración de la medida y, como consecuencia, extraer resultados erróneos.

## Actividades

4. Realizar un pequeño resumen de los tipos de radiación solar y los aparatos que permiten su medida. Acompañarlo de imágenes.

---

## Aplicación práctica

**Se están realizando las mediciones de la radiación solar en una zona y se quieren conocer las horas solares pico que ofrece esta, además de si el proyecto es viable.**

**La viabilidad del proyecto dependerá de que la zona ofrezca al menos 3 horas solares pico. Los datos que se tienen están recogidos en la siguiente tabla:**

| Mes | R. solar directa (kWh/m²) | R. solar difusa (kWh/m²) |
|---|---|---|
| Enero | 73,9 | 42,4 |
| Febrero | 98,1 | 46,8 |
| Marzo | 119,9 | 67,7 |
| Abril | 141,9 | 76,3 |
| Mayo | 180,8 | 83,1 |
| Junio | 239,7 | 69,5 |
| Julio | 263 | 64,6 |
| Agosto | 218 | 64,4 |
| Septiembre | 153,7 | 62,8 |
| Octubre | 95,6 | 58,8 |
| Noviembre | 61,7 | 44,7 |
| Diciembre | 53,3 | 40,2 |

Continúa en página siguiente >>

<< Viene de página anterior

## SOLUCIÓN

Para calcular las horas solares pico de una zona, primero se deben obtener los valores de radiación global, por lo que se suma la radiación directa con la difusa.

$$R.\ Global = R.\ Directa + R.\ Difusa$$

| Mes | R. solar directa (kWh/m²) | R. solar difusa (kWh/m²) | R. solar Global (kWh/m²) |
|---|---|---|---|
| Enero | 73,9 | 42,4 | 116,3 |
| Febrero | 98,1 | 46,8 | 144,9 |
| Marzo | 119,9 | 67,7 | 187,6 |
| Abril | 141,9 | 76,3 | 218,2 |
| Mayo | 180,8 | 83,2 | 264 |
| Junio | 239,7 | 69,5 | 309,2 |
| Julio | 263 | 64,6 | 327,6 |
| Agosto | 218 | 64,2 | 282,2 |
| Septiembre | 153 | 62,8 | 215,8 |
| Octubre | 95,6 | 59 | 154,6 |
| Noviembre | 61,7 | 44,7 | 106,4 |
| Diciembre | 53,3 | 40,2 | 93,5 |

Para calcular el mínimo de horas solares pico hay que fijarse en los valores del mes con menor radiación global, que en este caso se corresponde con diciembre = 93,5 kWh/m².

Después, hay que obtener la radiación diaria recibida en la zona, que para el mes de diciembre sería:

R. global diaria = 93.500 Wh/m² / 31 = 3.016 Wh/m².

Continúa en página siguiente >>

<< Viene de página anterior

Dado que las horas solares pico son el número de horas que se recibe una radiación equivalente a 1.000 W/m², se puede calcular el número de horas haciendo:

Horas solares pico = 3.016 Wh/m² / 1.000 W/m² = 3 horas.

Por tanto, la instalación será viable para la zona, ya que el resto de los meses tendrá una radiación mayor.

Hay que tener en cuenta que en este cálculo se ha tomado la media de radiación del mes de diciembre, lo que quiere decir que habrá días con menos de 3 horas solares pico, pero dado que estos son los datos de los que se dispone se dará por válido.

## 3. Tablas y sistemas de medida

El cálculo exacto de la radiación recibida en una zona es un proceso muy complejo de obtener si se quieren contemplar las posibles pérdidas por nubosidad y la influencia de otros factores atmosféricos variables. Además, los aparatos de medida son caros y en ocasiones su adquisición no resulta rentable para los trabajos que se van a desarrollar. Una forma de obtener valores de radiación solar fiables es realizar la interpolación de las medidas de radiación obtenidas en las diferentes estaciones meteorológicas, las cuales recogen los datos en tablas de radiación y establecen los sistemas de medidas con los que han sido obtenidos.

*Estación meteorológica*

## Sabía que...

Actualmente existen *softwares* de diseño y cálculo del potencial solar que integran todas estas variables de forma automática y que suelen ser utilizados por las compañías de diseño e instalación de energía solar térmica o fotovoltáica, como por ejemplo: <https://aurorasolar.com/>.

## 3.1. Definiciones

Trabajar con tablas y sistemas de medida implica conocer varios conceptos fundamentales:

- **Atlas:** conjunto de mapas terrestres que muestra los valores de un determinado área de estudio, mapa físico, político, etc.
- **Factor de insolación:** si se mide la cantidad de horas de radiación solar real recibida en un mes en una zona concreta y se divide por las horas de radiación teórica, es decir, la cantidad máxima que habría alcanzado la superficie terrestre sin que se vea afectada por intervalos nubosos y demás agentes atmosféricos.
- **Sensor:** aparato empleado para determinar un parámetro que puede ser de magnitud física o química, como por ejemplo la temperatura, la presión, el nivel de concentración de un gas, etc.
- **Punto de rocío:** temperatura en la cual se enfría una masa de aire y se produce la condensación del vapor de agua existente.
- **Meteorología:** ciencia encargada del estudio de los fenómenos atmosféricos.

## 3.2. Tablas

Las tablas de radiación solar recogen los datos de mediciones obtenidas en años anteriores. Estos datos son analizados y tratados, con lo que el grado de fiabilidad es bastante alto.

A continuación se va a proceder al análisis de los datos que contienen estas tablas:

**Radiación sobre horizontal. Radiación global horaria (Wh/m² día)**

| Mes | 4,5 | 5,5 | 6,5 | 7,5 | 8,5 | 9,5 | 10,5 | 11,5 | 12,5 | 13,5 | 14,5 | 15,5 | 16,5 | 17,5 | 18,5 | 19,5 | Rad. G. Diaria |
|---|---|---|---|---|---|---|---|---|---|---|---|---|---|---|---|---|---|
| Enero | 0 | 0 | 0 | 11,5 | 94,4 | 180,5 | 251,5 | 291,5 | 291,5 | 251,5 | 180,5 | 94,4 | 11,5 | 0 | 0 | 0 | 1658,8 |
| Febrero | 0 | 0 | 0 | 74,5 | 194,1 | 313 | 408,5 | 461,7 | 461,7 | 408,5 | 313 | 194,1 | 74,5 | 0 | 0 | 0 | 2903,6 |
| Marzo | 0 | 0 | 36,6 | 157,4 | 292,3 | 421,1 | 522,4 | 578,1 | 578,1 | 522,4 | 421,1 | 292,3 | 157,4 | 36,6 | 0 | 0 | 4015,8 |
| Abril | 0 | 6,5 | 119,2 | 254,3 | 397,4 | 529,6 | 631,5 | 686,9 | 686,9 | 631,5 | 529,6 | 397,4 | 254,3 | 119,2 | 6,5 | 0 | 5250,8 |
| Mayo | 0 | 64,2 | 181,7 | 315,8 | 453,4 | 577,8 | 672,4 | 723,5 | 723,5 | 672,4 | 577,8 | 453,4 | 315,8 | 181,7 | 64,2 | 0 | 5977,6 |
| Junio | 0 | 102,2 | 228,9 | 370,8 | 514,2 | 642,7 | 739,7 | 791,9 | 791,9 | 739,7 | 642,7 | 514,2 | 370,8 | 228,9 | 102,2 | 0 | 6780,8 |
| Julio | 0 | 83 | 199,3 | 330,4 | 463,7 | 583,4 | 674,1 | 722,9 | 722,9 | 674,1 | 583,4 | 463,7 | 330,4 | 199,3 | 83 | 0 | 6113,6 |
| Agosto | | | 0 | 39,4 | 165,8 | 313,4 | 466,9 | 607,2 | 714,4 | 772,6 | 772,6 | 714,4 | 607,2 | 466,9 | 313,4 | 165,8 | 39,4 |
| Septiembre | 0 | 0 | 77,5 | 210,2 | 354,4 | 489,7 | 595 | 652,5 | 652,5 | 595 | 489,7 | 354,4 | 210,2 | 77,5 | 0 | 0 | 4758,6 |
| Octubre | 0 | 0 | 1 | 108,2 | 232,3 | 353,2 | 449,4 | 502,6 | 502,6 | 449,4 | 353,2 | 232,3 | 108,2 | 1 | 0 | 0 | 3293,4 |
| Noviembre | 0 | 0 | 0 | 31 | 127,5 | 225,9 | 306,3 | 351,3 | 351,3 | 306,3 | 225,9 | 127,5 | 31 | 0 | 0 | 0 | 2084 |
| Diciembre | 0 | 0 | 0 | 0,8 | 72,2 | 147,6 | 210,1 | 245,4 | 245,4 | 210,1 | 147,6 | 72,2 | 0,8 | 0 | 0 | 0 | 1352,2 |

La tabla anterior recoge los valores de radiación global diaria en un municipio para los meses del año en función de la posición del Sol con respecto al mediodía solar. Así, para un día de mayo, la radiación global es de 4.336 Wh/m$^2$. De igual forma, se analizan las tablas de radiación directa y difusa:

**Radiación sobre horizontal. Radiación directa horaria (Wh/m²)**

| Mes | 4,5 | 5,5 | 6,5 | 7,5 | 8,5 | 9,5 | 10,5 | 11,5 | 12,5 | 13,5 | 14,5 | 15,5 | 16,5 | 17,5 | 18,5 | 19,5 | Rad. Dir. Diaria |
|---|---|---|---|---|---|---|---|---|---|---|---|---|---|---|---|---|---|
| Enero | 0 | 0 | 0 | 3,6 | 39,2 | 86,9 | 130,6 | 156,5 | 156,5 | 130,6 | 86,9 | 39,2 | 3,6 | 0 | 0 | 0 | 833,6 |
| Febrero | 0 | 0 | 0 | 36,2 | 107,6 | 187 | 254,6 | 293,3 | 293,3 | 254,6 | 187 | 107,6 | 36,2 | 0 | 0 | 0 | 1757,4 |
| Marzo | 0 | 0 | 16,6 | 83,3 | 169,6 | 258,8 | 332 | 373,2 | 373,2 | 332 | 258,8 | 169,6 | 83,3 | 16,6 | 0 | 0 | 2467 |
| Abril | 0 | 2,9 | 61,7 | 144,8 | 241,2 | 335,2 | 410,1 | 451,6 | 451,6 | 410,1 | 335,2 | 241,2 | 144,8 | 61,7 | 2,9 | 0 | 3295 |
| Mayo | 0 | 31 | 97 | 181,4 | 274,4 | 362,5 | 431,3 | 469,1 | 469,1 | 431,3 | 362,5 | 274,4 | 181,4 | 97 | 31 | 0 | 3693,4 |
| Junio | 0 | 56,4 | 135,4 | 231,1 | 333,1 | 427,9 | 501 | 540,9 | 540,9 | 501 | 427,9 | 333,1 | 231,1 | 135,4 | 56,4 | 0 | 4451,6 |
| Julio | 0 | 40,5 | 106,6 | 189,2 | 278,9 | 363,2 | 428,7 | 464,6 | 464,6 | 428,7 | 363,2 | 278,9 | 189,2 | 106,6 | 40,5 | 0 | 3743,4 |
| Agosto | 0 | 21,4 | 98,4 | 198,2 | 308,9 | 414,2 | 496,7 | 542,1 | 542,1 | 496,7 | 414,2 | 308,9 | 198,2 | 98,4 | 21,4 | 0 | 4159,8 |
| Septiembre | 0 | 0 | 40 | 120,8 | 218,4 | 315,7 | 394,1 | 437,8 | 437,8 | 394,1 | 315,7 | 218,4 | 120,8 | 40 | 0 | 0 | 3053,6 |
| Octubre | 0 | 0 | 0,4 | 53,6 | 129,2 | 210,5 | 278,7 | 317,4 | 317,4 | 278,7 | 210,5 | 129,2 | 53,6 | 0,4 | 0 | 0 | 1979,6 |
| Noviembre | 0 | 0 | 0 | 11,9 | 60,3 | 119,6 | 172,2 | 203 | 203 | 172,2 | 119,6 | 60,3 | 11,9 | 0 | 0 | 0 | 1134 |
| Diciembre | 0 | 0 | 0 | 0,2 | 26,2 | 64,4 | 100,7 | 122,4 | 122,4 | 100,7 | 64,4 | 26,2 | 0,2 | 0 | 0 | 0 | 627,8 |

**Radiación sobre horizontal. Radiación difusa horaria (Wh/m²)**

| Mes | 4,5 | 5,5 | 6,5 | 7,5 | 8,5 | 9,5 | 10,5 | 11,5 | 12,5 | 13,5 | 14,5 | 15,5 | 16,5 | 17,5 | 18,5 | 19,5 | Rad. Dif. Diaria |
|---|---|---|---|---|---|---|---|---|---|---|---|---|---|---|---|---|---|
| Enero | 0 | 0 | 0 | 8 | 55,1 | 93,6 | 120,9 | 135 | 135 | 120,9 | 93,6 | 55,1 | 8 | 0 | 0 | 0 | 825,2 |
| Febrero | 0 | 0 | 0 | 38,3 | 86,6 | 126 | 153,9 | 168,4 | 168,4 | 153,9 | 126 | 86,6 | 38,3 | 0 | 0 | 0 | 1146,4 |
| Marzo | 0 | 0 | 19,9 | 74,1 | 122,7 | 162,3 | 90,3 | 204,8 | 204,8 | 190,3 | 162,3 | 122,7 | 74,1 | 19,9 | 0 | 0 | 1548,2 |
| Abril | 0 | 3,6 | 57,5 | 109,6 | 156,3 | 194,4 | 221,4 | 235,3 | 235,3 | 221,4 | 194,4 | 156,3 | 109,6 | 57,5 | 3,6 | 0 | 1956,2 |
| Mayo | 0 | 33,2 | 8,7 | 134,4 | 179 | 215,3 | 241,1 | 254,4 | 254,4 | 241,1 | 215,3 | 179 | 134,4 | 8,7 | 33,2 | 0 | 2132,2 |
| Junio | 0 | 45,8 | 35 | 139,7 | 181 | 214,8 | 238,7 | 251 | 251 | 238,7 | 214,8 | 181 | 139,7 | 35 | 45,8 | 0 | 2212 |
| Julio | 0 | 42,5 | 92,7 | 141,3 | 184,7 | 220,3 | 245,4 | 258,4 | 258,4 | 245,4 | 220,3 | 184,7 | 141,3 | 92,7 | 42,5 | 0 | 2370,6 |
| Agosto | 0 | 18 | 67,5 | 115,2 | 158 | 193 | 217,7 | 230,5 | 230,5 | 217,7 | 193 | 158 | 115,2 | 67,5 | 18 | 0 | 1999,8 |
| Septiembre | 0 | 0 | 37,5 | 89,4 | 136 | 174 | 200,8 | 214,8 | 214,8 | 200,8 | 174 | 136 | 89,4 | 37,5 | 0 | 0 | 1705 |
| Octubre | 0 | 0 | 0,6 | 54,6 | 103,1 | 142,7 | 170,7 | 185,2 | 185,2 | 170,7 | 142,7 | 103,1 | 54,6 | 0,6 | 0 | 0 | 1313,8 |
| Noviembre | 0 | 0 | 0 | 19,1 | 67,1 | 06,3 | 134 | 148,4 | 148,4 | 134 | 106,3 | 67,1 | 19,1 | 0 | 0 | 0 | 949,8 |
| Diciembre | 0 | 0 | 0 | 0,6 | 46 | 83,1 | 109,4 | 123 | 123 | 109,4 | 83,1 | 46 | 0,6 | 0 | 0 | 0 | 724,2 |

 **Ejemplo**

A partir de las tablas anteriores, se van a obtener los datos de radiación solar directa global y difusa para el 13 de septiembre a las 12 del mediodía solar.

La radiación solar directa sería:

▮ R. Directa = 255,2 Wh/m$^2$.
▮ R. Difusa = 220 Wh/m$^2$.
▮ R. Global = R. Directa + R. Difusa = 255,2 + 220 = 475,2 Wh/m$^2$.

 **Aplicación práctica**

**Debe ejecutar un nuevo proyecto, el cual consiste en una instalación solar térmica para el abastecimiento de agua caliente a una fábrica. Basándose en las tablas anteriores, calcule la radiación mensual global, directa y difusa de los meses de junio, julio, agosto y septiembre. Analice los resultados.**

**SOLUCIÓN**

Hay que multiplicar el número de días que tiene cada mes con la radiación que le corresponde:

| Mes | N.º días | R. global diaria | R. global mensual | R. directa diaria | R. directa mensual | R. difusa diaria | R. difusa mensual |
|---|---|---|---|---|---|---|---|
| Junio | 30 | 4.798 | 143.940 | 2.356 | 70.680 | 2.443 | 73.290 |
| Julio | 31 | 5.140 | 159.340 | 2.754 | 85.374 | 2.416 | 74.896 |
| Agosto | 31 | 4.575 | 141.825 | 2.407 | 74.617 | 2.168 | 67.208 |
| Septiembre | 30 | 3.469 | 104.040 | 1.720 | 51.600 | 1.748 | 52.440 |

Como se observa en la tabla anterior, los meses de junio y septiembre presentan una mayor aportación de radiación difusa que directa, y esto se debe a que las horas en las que el Sol

Continúa en página siguiente >>

&lt;&lt; Viene de página anterior

se encuentra en el punto de mayor altitud son menos que en los meses de julio y agosto. Sin embargo, la duración de los días es prácticamente similar en dichos meses.

## 3.3. Atlas solares

Recibe el nombre de **atlas solares** el conjunto de mapas que tiene por objetivo la representación de la irradiación solar incidente sobre una zona concreta; los valores pueden mostrarse mensual o anualmente. La realización de los mapas se basa en la interpolación de los distintos valores medidos por determinadas estaciones meteorológicas. Cuanto mayor número de lecturas se realicen y más estaciones meteorológicas se empleen para su medición, mayor será la exactitud de los datos obtenidos. Los atlas solares deben ser actualizados, ya que los ciclos de radiación solar varían sensiblemente con el paso de los años.

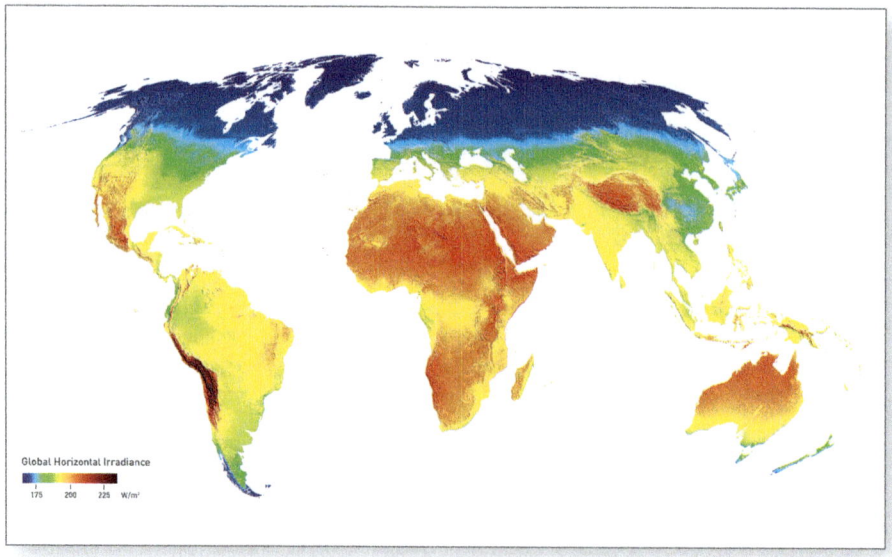

*Mapa de radiación global en el mundo*

El uso de los atlas de radiación solar permite estudiar la viabilidad previa de las instalaciones solares en una determinada zona.

En España, las zonas del sur cuentan con un nivel de radiación global muy interesante para la ejecución de instalaciones solares, llegándose a alcanzar hasta 5 kW/h por metro cuadrado en los días más soleados.

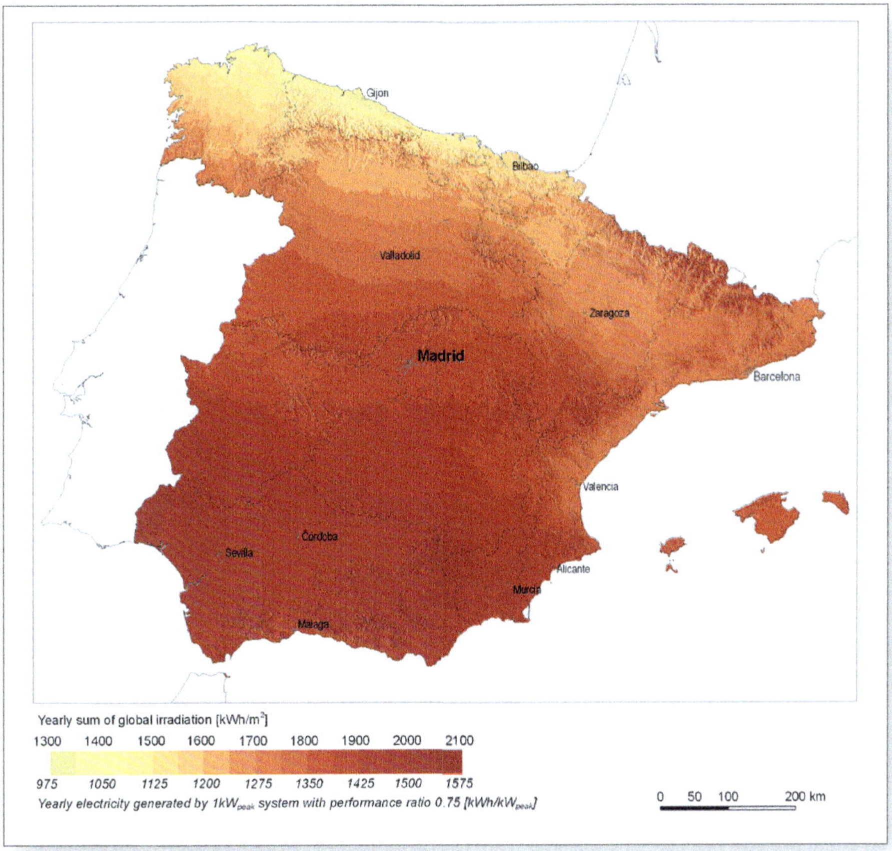

*Mapa de radiación solar de España. Los colores distinguen las distintas zonas de radiación solar recibida en España (los tonos más oscuros representan las zonas con mayor radiación).*

## Nota

En la página web del Instituto Europeo de la Energía y el Transporte pueden consultarse los mapas solares de Europa y África:

Continúa en página siguiente >>

<< Viene de página anterior

https://redirectoronline.com/uf02120301

---

 **Actividades**

5. Consultar el mapa de radiación solar de su localidad y calcular el número de horas solares pico para el mes más desfavorable.

---

Consultar el mapa de radiación solar de su localidad y calcular el número de horas solares pico para el mes más desfavorable.

## 3.4. Sensores de medida y estaciones meteorológicas

La función de las estaciones meteorológicas es obtener regularmente las mediciones de ciertos parámetros climáticos y atmosféricos de una zona. Para la medida de estas variables es necesario el empleo de sensores tales como sensores de presión atmosféricos, de temperatura, de velocidad del viento, etc.

*Estación meteorológica*

Los dispositivos y los instrumentos de medición que se instalan habitualmente en una estación meteorológica son:

- **Termómetro:** permite la medida de temperaturas. En ocasiones se pueden instalar termómetros de máximas y mínimas que registran la temperatura máxima y mínima que se alcanza en un determinado intervalo de tiempo.
- **Piranómetro:** para la obtención de la radiación solar.
- **Barómetro:** para la medición de la presión atmosférica.
- **Pluviómetro:** registra el nivel o la cantidad de agua caída en las lluvias.
- **Heliógrafo:** determina la duración de horas de sol durante un día.
- **Anemómetro:** para medir la velocidad del viento.
- **Veleta:** registra la dirección en la cual se desplaza el viento.
- **Psicrómetro:** para medir la humedad relativa del aire, y además marca la temperatura del punto de rocío.

Todos estos dispositivos cuentan con distintos sensores de medición que, como ya se ha visto anteriormente, son dispositivos que detectan y registran las variaciones del parámetro de estudio. Generalmente, los sensores de medición transmiten las variaciones enviando señales eléctricas que son registradas en una unidad de control.

Además de los instrumentos de medición, una estación meteorológica la conforman otros elementos como:

- **Soporte o estructura:** la estructura cuenta con un mástil en el cual se montan los dispositivos de medición. La medición de la velocidad del viento y su dirección debe realizarse a cierta altura, de forma que la medición no se vea alterada por la orografía del terreno.
- **Unidad central:** dispositivo encargado de recibir las señales procedentes de los sensores y procesarlas para ser registradas y almacenadas. La unidad central se encuentra envuelta por una caja que la protege de las inclemencias del tiempo.
- **Alimentación y telecomunicaciones:** la estación meteorológica necesita una fuente de alimentación que abastezca de energía a todos los dispositivos y sensores de medición para su funcionamiento. Además, la ubicación de las estaciones meteorológicas se realiza en puntos estratégicos, generalmente aislados o de difícil acceso, con lo que se precisa del montaje de sistemas de telecomunicaciones capaces de enviar las mediciones obtenidas al centro de estudio.
- **Higrómetro:** instrumento que, en el ámbito de la meteorología, se emplea para conocer qué nivel de humedad se registra en la atmósfera.

Actividades

6. Realizar un breve esquema que recoja los dispositivos que forman una estación meteorológica. Acompañarlo de imágenes y dibujos.

## 3.5. Sensores de velocidad y dirección del viento

Los sensores de velocidad del viento reciben el nombre de **anemómetros** y miden la velocidad del viento en su componente horizontal, por lo que es muy importante ubicar adecuadamente la estación meteorológica, eligiendo emplazamientos donde la orografía del terreno no produzca alteraciones en su medida.

*Anemómetro*

Además, los anemómetros deben estar convenientemente calibrados y ser robustos y resistentes para soportar las fuertes rachas de viento.

El anemómetro necesita ir acompañado de veletas para la determinación de la dirección del viento. El viento, al incidir sobre la superficie de la veleta, hace girarla hasta orientarse en la dirección del viento.

*Veleta*

El anemómetro y la veleta se pueden combinar en un único aparato llamado **anemoveleta,** que permite medir tanto la velocidad como la dirección del viento.

*Anemoveleta*

La anemoveleta cuenta con una hélice acoplada al cuerpo en su parte frontal y una veleta en su parte trasera, estando siempre la hélice perfectamente orientada en la dirección del viento.

 **Actividades**

7. Buscar en internet las características técnicas y de montaje de una anemoveleta.

## 3.6. Sensores de temperatura ambiente y humedad relativa

A través del sensor de temperatura se pretende medir la temperatura del ambiente. Existen varios tipos de sensores en función de la tecnología empleada para su medición:

- **Sensor termoeléctrico:** emplea dos metales diferentes y obtiene la medida de la temperatura por la acción del efecto termoeléctrico. Su funcionamiento consiste en la variación del potencial que se produce en los extremos de los dos metales al recibir el calor del ambiente.
- **Sensores termorresistentes:** emplean metales conductores que ofrecen la medida de la temperatura gracias a la variación de la resistencia del metal cuando este recibe calor.

- **Termistor:** al igual que los sensores termorresistentes, es un sensor que se basa en la variación de resistencia que se produce en un metal; sin embargo, emplea bandas de metales semiconductores que varían su resistencia en función de la aplicación de calor en sus bandas.

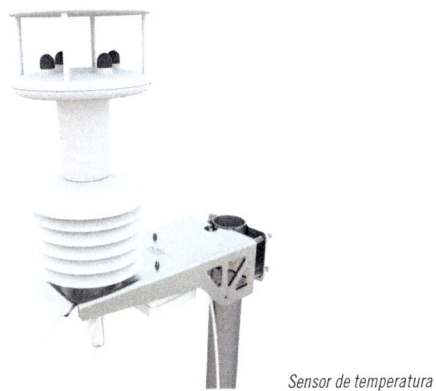

*Sensor de temperatura*

Los sensores de humedad basan su funcionamiento en la variación de longitud que se produce en una serie de fibras orgánicas o sintéticas calibradas debidamente cuando entran en contacto con la humedad existente en el aire.

Los sensores de humedad son dispositivos caros y se suelen combinar con los sensores de temperatura para reducir costes. Para no alterar las mediciones de temperatura y humedad del ambiente, los sensores deben instalarse a cierta altura donde no se vean alterados por la humedad o la temperatura del suelo.

## 3.7. Sensor de radiación solar

Las estaciones meteorológicas deben contar con sensores de radiación solar que registren la cantidad de radiación global que alcanza la superficie terrestre. El dispositivo de medición principalmente empleado es el piranómetro.

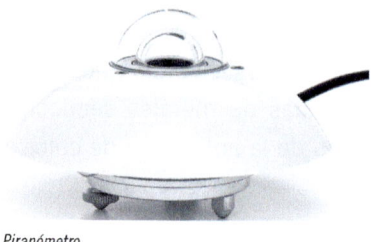

*Piranómetro*

Si se desea medir la radiación solar difusa, se debe cubrir el sensor de la radiación solar directa. En estaciones meteorológicas sencillas se dispone de dos piranómetros, uno que registra la radiación global de la zona y otro que obtiene los valores de radiación difusa, de tal manera que, restando los valores de radiación difusa a los de radiación global, se obtienen valores aproximados de radiación solar directa sin la necesidad de emplear dispositivos seguidores que aumentan los costes de las instalaciones de medición.

El piranómetro de radiación global debe estar orientado hacia el punto de máxima captación solar, evitando cualquier tipo de sombra que pueda proyectar otro dispositivo de una estación meteorológica.

 **Actividades**

8. Realizar un breve esquema de los tipos de sensores para la medición de las variables atmosféricas.

## 3.8. Sistemas de adquisición de datos

Las mediciones obtenidas en los sensores de una estación meteorológica deben ser recogidas y registradas en un equipo de adquisición de datos o datalogger.

Datalogger

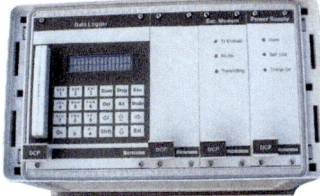  

El *datalogger* es un dispositivo electrónico que se encuentra conectado con los sensores y dispone de un disco duro para el almacenamiento de los datos. Un *software* específico es el encargado de transmitir los datos a un PC, desde donde pueden ser analizados. Por las ubicaciones remotas de las estaciones meteorológicas, los *dataloggers* están conectados con un módem o cualquier tipo de conexión de Internet o telecomunicaciones para la transmisión de datos a una central donde se encuentra el personal encargado de analizar los datos y gestionar la información.

Generalmente, los *dataloggers* cuentan con una caja de protección que los recubre y protege de la acción del viento, el agua, etc.

 **Actividades**

9. ¿Por qué es necesario el empleo de un sistema de almacenamiento de datos en una estación meteorológica?

## 3.9. Módulos solares fotovoltaicos

El módulo fotovoltaico está formado por la agrupación eléctrica de varias células fotovoltaicas convenientemente ensambladas para la generación de electricidad. La agrupación de todos los módulos fotovoltaicos de una instalación produce el generador fotovoltaico.

*Generador fotovoltaico*

Existen diferentes tipos de módulos fotovoltaicos en función del material captador empleado. Los materiales que se emplean para realización de células solares son:

- **Silicio monocristalino:** se obtiene de cortes de silicio que ha cristalizado en una sola pieza.
- **Silicio policristalino:** aunque el material empleado es también silicio, el proceso de cristalizado contiene imperfecciones que dan lugar a la creación de varios cristales. Su rendimiento es inferior a las células de silicio monocristalino, pero también lo es su precio.
- **Silicio amorfo:** también emplea el silicio como materia prima, sin embargo, no se produce ningún fenómeno de cristalización. Su rendimiento es muy bajo y se aplica únicamente para dispositivos electrónicos como calculadoras o relojes.
- **Teluro de cadmio y arseniuro de galio:** son módulos de espesor fino en comparación con los anteriores. Su rendimiento es cada vez mayor a medida que se mejora su tecnología, pero sus precios aún son caros en comparación con los de silicio.
- **Módulos de triple unión de semiconductores:** su rendimiento es muy elevado y constituye una de las vías de estudio a desarrollar en los próximos años, ya que la tecnología de fabricación continúa siendo costosa en comparación.

**Módulos fotovoltaicos**

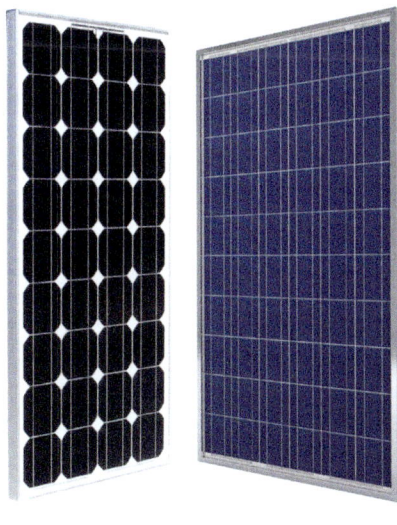

| Módulos<br>monocristalinos | Módulos<br>policristalinos | Módulos de teluro<br>de cadmio |

El comportamiento eléctrico de un módulo fotovoltaico lo determina su curva característica de tensión e intensidad, curva V-I, y cada fabricante lo aporta junto con otros parámetros.

Para poder comparar los valores entre los distintos fabricantes de módulos, se establece una serie de condiciones estándar de funcionamiento que permite registrar los parámetros característicos del módulo en función de estas condiciones.

La siguiente tabla muestra las condiciones estándar de funcionamiento para módulos fotovoltaicos:

| Condiciones estándar de medida característica para módulos fotovoltaicos | |
|---|---|
| Irradiancia | 1.000 W/m$^2$ |
| Distribución espectral | Masa atmosférica (AM) 1,5 |
| Incidencia | Normal |
| Temperatura de la célula | 25 ºC |

Los valores que se miden en un módulo en condiciones estándar son:

- La potencia máxima que es capaz de generar un módulo (Pmax). Pmax = Vpmax · Ipmax.
- La corriente de cortocircuito ($I_{SC}$).
- El voltaje de circuito abierto ($V_{OC}$).
- Factor de forma (FF).

El factor de forma se obtiene de la aplicación de la fórmula:

$$FF = Pmax / (Voc \cdot Isc)$$

En condiciones estándar se miden la potencia máxima que puede entregar el módulo ($P_{MAX}$), la corriente de cortocircuito ($I_{sc}$), el voltaje de circuito abierto ($V_{oc}$) y el factor de forma, y se recogen en una gráfica como la siguiente:

**Curva característica de un módulo fotovoltaico**

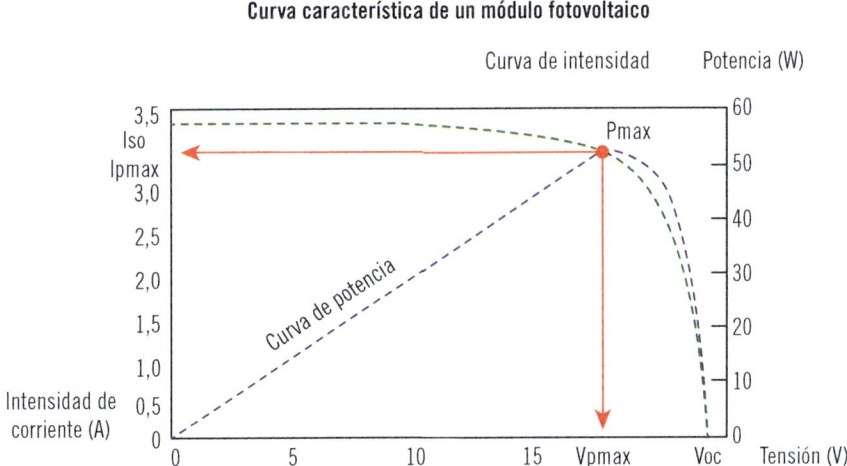

Si en lugar de conocer el funcionamiento en condiciones estándar, se quiere conocer el comportamiento de un módulo fotovoltaico en cualquier condición, es necesario conocer la temperatura nominal de operación de la célula o TONC. La temperatura nominal de operación se corresponde con la temperatura que alcanzan las células fotovoltaicas cuando el módulo se somete a las siguientes condiciones de funcionamiento:

| Condiciones TONC de medida para módulos fotovoltaicos | |
| --- | --- |
| Irradiancia | 800 W/m² |
| Distribución espectral | Masa atmosférica (AM) 1,5 |
| Incidencia | Normal |
| Temperatura ambiente | 20 °C |
| Velocidad del viento | 1 m/s |

## Aplicación práctica

Acaba de recibir un módulo fotovoltaico de un nuevo fabricante chino. Las especificaciones técnicas vienen en el idioma nativo, pero analizando la documentación encuentra la curva de trabajo del módulo. Calcule en condiciones estándar la potencia máxima del módulo, la intensidad de cortocircuito, la tensión de circuito abierto y el factor de forma.

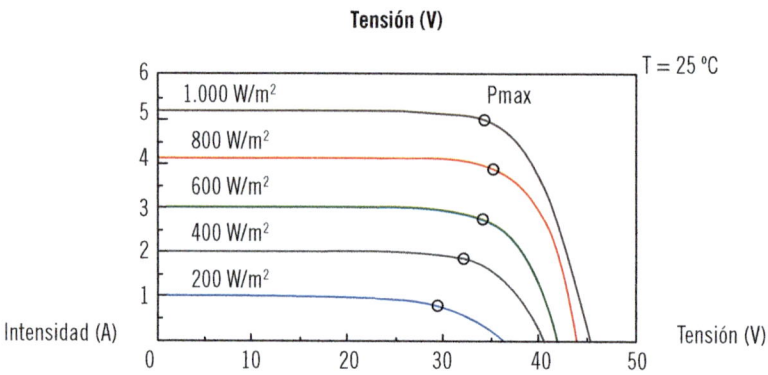

### SOLUCIÓN

La intensidad de cortocircuito y la tensión de circuito abierto se corresponden con las intensidades y las tensiones máximas respectivamente.

Lo primero que hay que hacer es identificar la curva de trabajo en condiciones estándar y obtener las medidas de tensión e intensidad.

La curva de trabajo en condiciones estándar será la de 1.000 W/m², así:

Continúa en página siguiente >>

<< Viene de página anterior

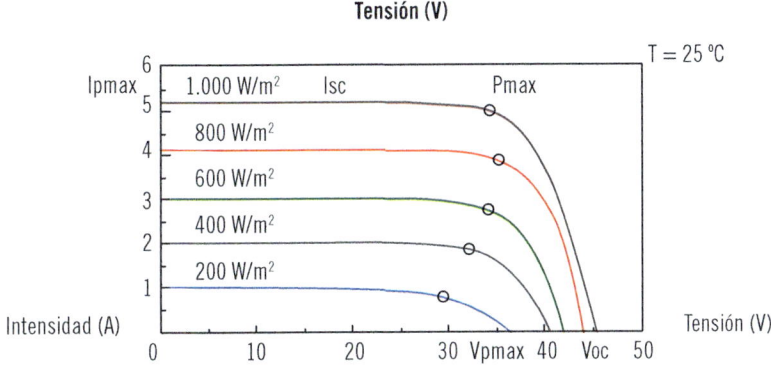

De donde se obtiene lo siguiente:

$$Isc = 5,1 \text{ A y Voc} = 45 \text{ V.}$$
$$Ipmax = 5 \text{ A y Vpmax} = 34 \text{ V.}$$
$$Pmax = 34 \cdot 5 = 170 \text{ W.}$$
$$FF = Pmax \ / \ (Voc \cdot Isc).$$
$$FF = 170 \ / \ (45 \cdot 5,) \ 1 = 0,74.$$

## 3.10. Estación meteorológica

Como ya se ha visto anteriormente, las estaciones meteorológicas son los lugares donde se realizan mediciones y registros de los fenómenos meteorológicos a través de equipos que llevan instalada una serie de sensores y dispositivos para la medida y la lectura de diversas variables atmosféricas.

En la siguiente imagen se puede ver la construcción de una estación meteorológica y la disposición de los distintos componentes que la conforman:

**Estación meteorológica**

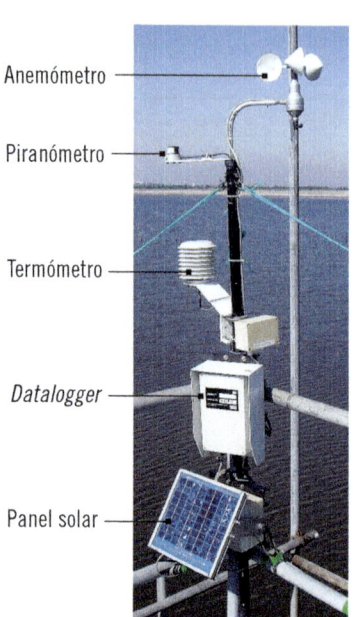

Anemómetro

Piranómetro

Termómetro

*Datalogger*

Panel solar

Una estación meteorológica está formada por los siguientes elementos:

- **Terreno:** se refiere a la ubicación donde se va a instalar la estación meteorológica y debe reunir las siguientes condiciones:

  - Debe escogerse una ubicación representativa de la zona y evitarse zonas excesivamente expuestas a los agentes climatológicos.
  - Deben evitarse zonas cercanas a carreteras de asfalto, ferrocarriles o fábricas.
  - El suelo no debe ser reflectante.
  - El horizonte debe quedar despejado.

- **Parcela:** la parcela donde se ubique la estación meteorológica debe poseer unas dimensiones adecuadas. Además, se debe evitar que personas ajenas manipulen los dispositivos de medición. En el caso de disponer de malla metálica, esta se instalará a una distancia adecuada (entre 2 y 3 metros de distancia) para evitar la creación de sombras en los instrumentos de medición.

- **Protección meteorológica:** en ocasiones puede ser necesaria la instalación de un sistema de protección para algunos instrumentos de medición. Esta protección meteorológica no debe alterar las lecturas de las mediciones y en el caso de termómetros debe mantener la temperatura exterior uniforme.

- **Instrumentos de medición:** la obtención de valores de medición correctos depende de la correcta instalación y orientación de todos los dispositivos. Los instrumentos de medición, a excepción del anemómetro y la veleta, deben estar protegidos del viento. La distancia mínima que se debe respetar en la disposición de un aparato de medida con respecto a un obstáculo se corresponde con el doble de la altura del obstáculo sobre el plano horizontal. Además, se debe prestar atención a las dimensiones de los árboles cercanos y tener en cuenta su crecimiento. El mástil o soporte que albergue los instrumentos de medida debe estar correctamente anclado al suelo y ser capaz de soportar condiciones climáticas extremas.

Las estaciones meteorológicas se clasifican en función de los parámetros atmosféricos que estudian. De esta forma, se encuentran tres tipos de estaciones meteorológicas:

- **Estaciones meteorológicas de primer nivel:** aquellas que permiten realizar las lecturas más completas de los agentes ambientales. Cuentan con sistemas tales como sensores de temperatura, humedad, precipitación, radiación solar, evaporación, presión atmosférica, velocidad y dirección del viento. Algunas incluso pueden incluir estaciones de medición sísmica.

- **Estaciones meteorológicas de segundo nivel:** solo realizan lecturas de temperatura, humedad, precipitación y velocidad del viento.

- **Estaciones meteorológicas de tercer nivel:** son las más sencillas y solo registran un parámetro atmosférico, generalmente la temperatura o el nivel de precipitaciones.

## Actividades

10. ¿Qué aplicación puede tener una estación meteorológica de tercer nivel? ¿No sería mejor emplear siempre estaciones meteorológicas de primer nivel?

# 4. Resumen

Para establecer el potencial solar que ofrece una determinada zona es necesario conocer las unidades de medida de la radiación solar, los tipos de radiación, su proceso de medición y los instrumentos.

La realización de mapas solares exige elegir correctamente la proyección cartográfica de entre todos los tipos existentes en función de los parámetros de estudio deseados.

Las estaciones meteorológicas cuentan con diversos instrumentos y dispositivos para la medición de los parámetros atmosféricos, como son los sensores de velocidad y dirección del viento, los sensores de temperatura y humedad relativa o los sensores de radiación solar. Resulta imprescindible conocer cómo se deben instalar correctamente esos dispositivos para obtener lecturas fiables, que posteriormente serán almacenadas en un datalogger.

Finalmente, se han estudiado los tipos de módulos fotovoltaicos que existen en el mercado en función del material captador empleado, así como las características más importantes a tener en cuenta en un proceso de diseño.

Ejercicios de repaso y autoevaluación

1. ¿Qué es el potencial solar de una zona y qué objetivo persigue?

_____

_____

_____

_____

2. ¿Qué tipos de proyecciones cartográficas se pueden encontrar en función de las cualidades métricas?

_____

_____

3. La unidad de medida de la irradiancia es:

     a. $J \cdot m^2$.
     b. $W/m^2$.
     c. $Wh/m^2$.
     d. $J/m^2$.

4. ¿Cuáles son los factores que influyen en la existencia de una mayor o menor cantidad de radiación difusa?

_____

_____

5. El actinógrafo es un instrumento que se emplea para medir...

     a. ... la radiación solar global.
     b. ... la radiación solar directa.
     c. ... la radiación solar extraterrestre.
     d. ... el albedo.

6. Complete la tabla:

| Mes | R. solar directa (kWh/m²) | R. solar difusa (kWh/m²) | R. solar global (kWh/m²) |
|---|---|---|---|
| Marzo | 143,88 | | 226,474 |
| Abril | | 93,086 | 263,366 |
| Mayo | 216,96 | | 318,464 |
| Junio | 287,64 | 84,79 | |
| Julio | | 78,812 | 394,412 |
| Agosto | 261,6 | | 339,924 |
| Septiembre | 183,6 | 76,616 | |

7. ¿Para qué se sirve un sensor?

_____

_____

8. Indique si la siguiente afirmación es verdadera o falsa. En caso de ser falsa, modifíquela.

Si se mide la cantidad de horas de radiación solar real recibida en un mes en una zona concreta y se divide por las horas de radiación teórica, es decir, la cantidad máxima que habría alcanzado la superficie terrestre sin que se vea afectada por intervalos nubosos y demás agentes atmosféricos, se tendría el factor de insolación.

9. Relacione:

    a. Radiación directa.
    b. Radiación difusa.
    c. Radiación global.

    __ Actinógrafo.
    __ Pirheliómetro.
    __ Piranómetro bajo sombra.

10. ¿Qué se puede medir con una anemoveleta?

    a. La temperatura y la humedad relativas de una zona.
    b. La temperatura y la presión atmosférica.
    c. La radiación solar directa y la difusa.
    d. La velocidad y la dirección del viento.

11. ¿Qué diferencia existe entre un módulo fotovoltaico de silicio monocristalino y otro policristalino?

    _____

    _____

12. Complete la siguiente tabla.

| Condiciones estándar de medida característica para módulos fotovoltaicos | |
|---|---|
| Irradiancia | |
| | Masa atmosférica (AM) 1,5 |
| Incidencia | |
| | 25 °C |

13. ¿Mediante qué fórmula se puede obtener el factor de forma de un módulo fotovoltaico?

_____
_____

14. Identifique los elementos de la siguiente imagen.

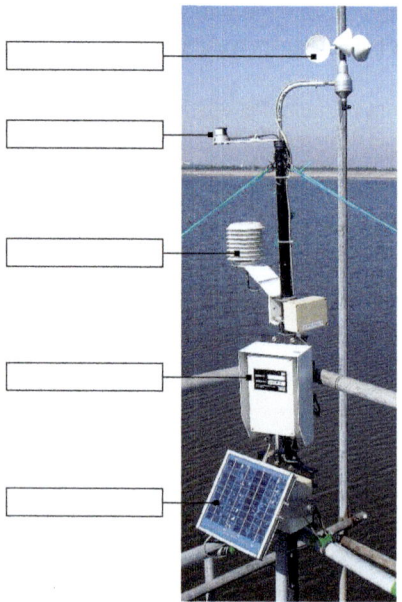

15. ¿Qué significa TONC y para qué sirve?

_____
_____
_____
_____

# Bibliografía

## Bibliografía

❚ BARBERO, F.J.: *Radiación solar y aspectos climatológicos de Almería.* Almería: Universidad de Almería, 2000.

❚ CACHORRO Revilla, V. E.: *La radiación solar en el sistema tierra-atmósfera.* Valladolid: Universidad de Valladolid, 2008.

❚ GOIRI, G.: *Sistemas integrados en instalaciones de energías renovables.* Madrid: Vallant Group, 2010.

❚ HONORÉ, C.: *El Sol.* Montevideo: Imprenta a vapor de La Nación, 1897.

❚ PAREJA Aparicio, M.: *Radiación solar y su aprovechamiento energético.* Barcelona: Marcombo, 2010.

❚ VERA García, F. y GARCÍA Cascales, J. R.: *Modelado de sistemas térmicos y energéticos.* Cartagena: UPCT, Atlas de radiación solar en Murcia, 2007.

## Textos electrónicos, bases de datos y programas informáticos

❚ Energías renovables, de: <http://www.jumanjisolar.com>.

❚ Energía solar, de: <http://www.solarweb.net>.

❚ Instituto Geográfico Nacional: Conceptos cartográficos. Ministerio de Fomento, Gobierno de España, de: <http://www.transportes.gob.es>.

❚ JAIMOVICH, O.: Fuente solar, de: <http://www.fi.uba.ar>.

❚ PEÑA Díaz, A.: Sistemas de concentración de energía solar. Universidad de los Andes, de: <http://www.lasenergiasrenovables.com>.

❚ Plataforma solar de Almería, de: <http://www.psa.es/webesp/gen/index.php>.

❚ Web del Instituto español de investigación y ahorro energético (IDAE), de: <https://www.idae.es>.

❚ Web del Ministerio de Transición ecológica y reto demográfico, de: <https://www.prtr.miteco.gob.es/es/ayudas/ayudas-energias-renovables.html>.

❚ Web del Centro de investigaciones energéticas, medioambientales y tecnológicas, de: <https://www.ciemat.es/>.